沖縄学術研究双書・9

「海上の道」の汽船航路

―沖縄航路案内を読む―

松浦　章

榕樹書林

目 次

はじめに

昭和36年（1961）に柳田国男が『海上の道』を出版した時期は、汽船から航空機の過渡期のころであった。柳田は同書の冒頭で、「私は三十年ほど前に、日本人は如何にして渡って来たかという題目について所感を発表したことがあるが、それからこの方、船と航海の問題が常に念頭から離れなかった。その中の一つで是非ともここに述べておきたいのは、日本と沖縄とを連ねる交通路のことである。今では沖縄へ行くのにには概ね西海岸の航路を取っているが、古くは東海岸を主としていたのではないかということを説いてみたいのである」[1]と述べているように、沖縄の地勢的位置から見て航路の視点からさまざまな民俗学的問題へと派生させ、同書を執筆する契機となったと言えるであろう。

沖縄の歴史に関する書籍は数多く積み重ねられてきたが、柳田が指摘したような交通史に関する研究は多くない。しかも近代以降の汽船交通に関する研究は極めて少ない。日本史の分野でもそれほど多くはない、専著として小風秀雄氏（平成7年）や片山邦雄氏（平成8年）そして松浦章（平成17年、平成25年）の成果があるが、主に大阪商船会社や日本郵船会社の国内、海外航路を取扱い、国内でも沖縄航路に関してはほとんど看過されてきた。[2]

そこで本書は、汽船による時代の沖縄航路に焦点化してまとめたものである。

沖縄では、尚家を中心とした旧藩支配層により広運会社が、明治19年

1　柳田国男『海上の道』岩波書店、岩波文庫青138 6、2013年2月第36刷、5、11頁。

2　丸山雍成・小風秀雄。中村尚史編『日本交通史辞典』（吉川弘文館、2003年9月、1-947、索引・図版・附録1-124頁）の大辞典では、「琉球」として琉球国時代の記述（919-924頁）があるが、近代の沖縄航路に関してはほとんど記述されていない。

(1886)に創立され、翌明治20年(1887)3月より開業する。450噸の汽船球陽丸を購入して、那覇、大島、鹿児島、神戸、大阪等への航海を開始した。[3]そして明治29年(1896)に開運會社が蒸氣船第三運輸丸100噸を使って、那覇・名瀬間に就航させたのが沖縄沿海航路の始めとされる。[4]第三運輸丸を運航していた開運会社が明治40年(1907)に解散に追い込まれると、その開運会社の船舶や航路権を引き継いだのが鹿児島郵船株式会社であった。[5]鹿児島汽船株式会社は、明治30年(1897)には沖縄親睦会に結集した鹿児島商人等が設立し、那覇、大島、鹿児島、神戸、大阪間に沖縄丸と薩摩丸を就航させる。[6]大正8年(1919)4月に沿岸航路を放棄すると、新たに国頭運送株式会社が、鹿児島郵船会社の営業施設を継承し、さらに大正14年(1925)に鹿児島郵船会社が沖縄航路から撤退すると、同社の航路権を譲渡され運航を開始するが、まもなく国頭運送会社も航路権を沖縄汽船株式会社に譲渡する。またこの沖縄汽船株式会社も経営難におちいり、その航路権を引き継ぐのが、昭和6年(1931)に設立された沖縄近海汽船株式会社であった。[7]

これら沖縄・鹿児島の経済界による汽船会社に対して沖縄航路に参入してきたのが、明治17年(1884)に創業した大阪商船株式会社であった。沖縄・鹿児島等の郷土の汽船会社と大阪商船会社の間に激烈な競争が展開され、運賃等の問題がしばしば争われ、時には各社の利益を確保するために

---

3 西里喜行「沖縄広運株式会社」、沖縄県教育委員会編『沖縄縣史　別巻　沖縄近代史辞典』沖縄県教育委員会、1977年3月、118-119頁。

4 金城功「沿岸航路」、沖縄県教育委員会編『沖縄縣史　第1巻　通史』沖縄県教育委員会、1976年3月、541頁。

5 金城功「沿岸航路」541頁。

6 西里喜行「鹿児島郵船株式会社」、沖縄県教育委員会編『沖縄縣史　別巻　沖縄近代史辞典』沖縄県教育委員会、1977年3月、166頁。

7 金城功「沿岸航路」542頁。

「汽船同盟」が結ばれ、あるいは破綻し、さまざまな問題を発生させ「航路問題」として注視された。[8]

沖縄航路の歴史は端的に言えば、沖縄を中心とする経済界による汽船会社の設立と興亡の歴史に対して、大資本で挑んできた大阪商船会社との拮抗の歴史であると言えるであろう。

本書は、その一端を明治初期から1960年代までについて述べるものである。第一章では、沖縄海域に汽船が出現した頃から、沖縄と日本の九州や本州を結んだ大阪商船会社の運航を中心に述べ、第二章では沖縄諸島と先島諸島を中心として沖縄海域の汽船の運航の歴史を、沖縄で出版された新聞資料を参考に、沖縄海域の沿海航路における汽船航運の実情を探り、第三章では、沖縄海域に出現した汽船航運によって、沖縄諸島、先島諸島における物流はどのようであったかを述べている。

明治35年の『琉球新報』が「沖縄の発達は是非共、海運に拠らざるべからざるなり。・・・本県と海運とは先天的に離るべからざるの因縁を有す[9]」と指摘されるまでも無く、海洋県である沖縄県は島嶼部や九州、本州を結ぶ汽船航路の確保は、航空機が頻繁に飛ぶ時代になるまで生命線であった。しかしその重要航路の問題は、これまで看過されてきたと言えるであろう。その溝を埋めるべく論考を試みたものである。

8　金城功「航路問題」、沖縄県教育委員会編『沖縄縣史　別巻　沖縄近代史辞典』沖縄県教育委員会、1977年3月、251-252頁。

9　『琉球新報』明治35年（1902）12月3日付の記事「沖縄汽船会社」、琉球政府編『沖縄縣史第16巻資料編6新聞集成（政治経済1）』琉球政府、1967年5月、438頁。

研　究　編

第一章　沖縄航路のアーカイヴズ

1　緒言

九州の南部から南西に台湾の北部にいたる弧状の島嶼群は、一般には南西諸島と呼称され、さらに北に位置する薩南諸島と琉球諸島に分けられ、琉球諸島は大きく沖縄諸島と先島諸島に分けられている。この日本の南端に位置する琉球諸島へまたは沖縄から日本各地へ赴く際に、現在では航空機に搭乗するのが普遍的な時代となった。日本本土から毎日、数10便が那覇空港を離着陸している。特に那覇と東京間の往来は年間500万人前後、福岡とは100万人をこえる乗客が見られる。[10] しかしそれは近1/4世紀ほどのことでそれ以前は、汽船の交通が普通であった。

20世紀の前半の時期は、汽船が重要な交通手段であった。沖縄と日本本土との汽船交通を担っていた大阪商船会社の広告誌『海』の昭和14年(1939)に記載された紀行文に、鹿児島から汽船で沖縄を訪れた小西和の「沖縄巡遊記録」が見られる。小西は鹿児島から沖縄への汽船に乗船し訪れた記録を記している。

> 鹿児島縣の遊説を了へ、数多くの同志に送られて沖縄縣に向ふべく、鹿児島港の桟橋から商船に乗込んだ。鹿児島灣口の西側に聳ているのはいふまでもなく開聞嶽である。この山は理想的圓錐形の成層火山で、我が委任統治領たる、内南洋の第一關とも見るべき位置を占め、太平洋の破上に浮べる、ウラカスの鳥山に酷似して、全く瓜二つのようである。
>
> 大隅の最南端なる佐多岬を左に眺め、程なく種子島や屋久島など、

10　国土交通省「平成23年度の航空輸送統計の概況について」平成24年7月26日国土交通省総合政策局情報政策本部情報政策課による。

薩南諸島の間を縫ふて、船路も穏やかに南航すれば、何時しか寒冷の氣は跡方なく忘れ果てて、心地よく眠りに就くのであつた。その明るい日になると、今度は身體に厚さを覚へる程なので、下衣を脱ぎ棄てるの外なかつた。晝すぎに奄美大島の名瀬に着けば、眼に映る草木は、緑りの深い夏の趣きが尚ほ残つて居る上に、市街の状態から自然の風物に至るまで、何となく趣きを異にし南國氣分の頗る濃厚なるを覚へるのであつた。・・・

名瀬から更に商船の便に頼つて、南西に航行すること10数時間、沖縄本島に近づけば、その海岸に珊瑚礁が分布、擴大してゐるのは、誠に以て南洋式と云はねばならぬ。船が那覇の港内に入り岸壁に繋留したので、数多の同志に迎へられて上陸する。本島に滞在の4日間は、目に入り耳に聞くものが、多くは趣味の横溢せざるなしといふ始末であつた。[11]

大阪商船会社の汽船に搭乗し、鹿児島から名瀬そして那覇までの航路の光景を述べた紀行記である。おそらく初めての沖縄航路の船旅であっただけに、その船路による緯度の変化が如実に描かれていると言えよう。今から70余年前はこれが一般的な光景であったと言える。

沖縄は、沖縄本島を含め100余の島々からなる島嶼群であるため、古くから海上交通が重要な役割を担い、海上交通の発達は当然多くの船舶の海難事故も生じて来た。[12]

このため古くからの海上交通が発展してきた。16世紀になると中国や鹿児島への航路が知られるようになる。[13]近代においては沖縄から日本本

11　大阪商船会社編『海』大阪商船會社、三月號、第9巻第3号、通巻90号、1939年3月、30-31頁

12　岑令『清代中国漂着琉球民間船の研究』榕樹書林、2015年3月。

13　新屋敷幸繁「十六世紀の沖縄航路」、『歴史を語る沖縄の海』月刊沖縄社、1977年12月、125-141頁。

土そして台湾への航路が重要なものとみなされたのである。[14]

しかし、これまで汽船が登場して以降の沖縄航路がどのように運航されてきたのかに関してはほとんど看過されてきた。そこで、江戸から明治となってどのようにこの航路が替わっていったか、沖縄航路に関する航路案内を中心に述べてみたい。

2　日本本土と沖縄との初期の汽船航路

創刊されて間の無い『官許讀賣新聞』第31号、明治8年(1875)1月6日の「新聞」欄に、次の記事が見られる。

> 明後日黄龍といふ郵便船（ひきゃくせん）が大坂へ出帆いたし、大坂より玄龍と云船へ繼替て琉球へ出帆する故、品物を送るものは、明7日の午後4時までに四日市郵便局へさし出すようにとの事で有ります。[15]

大阪から琉球へ渡航する玄龍丸と言う汽船が、郵便物を搭載し輸送していたことの知られる記事である。

この明治8年11月に、琉球藩王弟今帰仁王子が汽船に搭乗している。

> 琉球藩王弟今帰仁王子着京、内務省上申、琉球藩王実弟今帰仁王子
> 随行　小禄親方
> 刑法役　税嶺親雲上　刑法役　比屋根親雲上

14　金城功『近代沖縄の鉄道と海運』ひるぎ社、1983年11月初版、1986年1月2刷、99-158頁。第四章「海上交通概観」、第五章「近代の海運点描」
又吉盛清「沖縄・台湾航路問題」、『日本植民地下の台湾と沖縄』沖縄あき書房、1990年10月、21-50頁。
真栄平房昭「近代の台湾航路と沖縄--外来・在来をめぐる東アジア海運史の一視点（シンポジウム　近代東アジア社会における外来と在来をめぐって)」『史学研究』第268号、2010年6月、14-31頁。

15　『讀賣新聞』1875年1月6日。

勤学 知花親雲上 勤学 松島親雲上 安村親雲上 知念里主 津波古里之子 大里里之子

右昨17日着京届出候ニ付、此段上申仕候。 11月○第一科主査大史歴内務査

琉球藩届 内務省宛

今帰仁王子 随行 小 親方

右大有丸へ乗合、昨日上着仕候。此段御届申候也。 11月18日 内務。[16]

琉球藩の今帰仁王子が帰郷に際して大有丸に乗船して帰郷したことが知られる。

ついで12月8日の条に、

客歳為謝恩致上京候琉球藩王實弟今帰仁王子、去ル14日大有丸ニ乗込帰藩致候旨、在番高安親方ヨリ別紙ノ通届出候ニ付、此段上申仕候也。 9年1月20日

高安親方届 内務省宛

今帰仁王子

随行役々　4人

従　　15人

右此節帰帆仕候此段御届申候也。 1月14日[17]

とあるように、今帰仁王子が大有丸に乗船して琉球藩に帰藩している。ここに使用された大有丸であるが、明治8年(1875)に日本政府から琉球藩に送られた蒸気船で、沖縄籍蒸気鉄船の最初と言われ

16　アジア歴史資料センター、レファレンスコード：A01000036000。

17　アジア歴史資料センター、レファレンスコード：A01000036200。

る。[18] 大有丸は明治2年(1869)に英国で建造された総トン数581噸の鉄骨木皮船と言われ、明治7年(1874)に日本郵便汽船会社が英国船ウイルヘルミン・エンマ号を購入したものであった。[19]

明治9年(1876)1月8日付の『讀賣新聞』第286号の「稟告」欄に、

本月9日玄龍丸を以て琉球藩へ向、郵便差立候條、本船を以郵送すべき分は府下郵便局へは、同日午前11時、江戸橋驛逓寮へは同日正午12時半、横濱郵便局へは同日午後2時限り可差出事。　驛逓寮[20]

とある。玄龍丸が郵便船として琉球藩に向けて航行していた。

また明治9年6月29日付の『讀賣新聞』第427号の「稟告」欄に、

來る7月7日玄龍丸を以て琉球藩へ向、郵便差立候條、本船を以郵送すべき分は府下郵便局へは、同日午前11時、江戸橋本寮へは同日午後1時半、横濱郵便局へは同日午後4時限り可差出事。　驛逓寮[21]

とあり、また明治9年8月29日付の『讀賣新聞』第479号の「稟告」欄に、

本月30日玄龍丸を以て琉球藩へ向差立郵便、本寮は午後1時半、横濱は3時〆切の事、･･･　驛逓寮[22]

とみられるように、日本本土と琉球藩との郵便輸送は玄龍丸が担っていた。

また大有丸は、『陸軍省大日記』明治10年(1877)5月23日の条につぎのように見られる。

汽船大有丸本月29日、神戸ヨリ琉球藩へ向ケ出港之趣ニ付、同地江

18 西里喜行「大有丸」、沖縄県教育委員会編『沖縄縣史　別巻　沖縄近代史辞典』沖縄県教育委員会、1977年3月、348頁。
『琉球海運株式会社四十史』琉球海運株式会社、1992年5月、60頁。写真も同書による。

19 上野喜一郎編『船舶百年史』船舶百年史刊行会、1957年9月、30頁。

20 『讀賣新聞』1876年2月28日。

21 『讀賣新聞』第427号、1876年6月29日、4頁。

22 『讀賣新聞』第479号、1876年8月29日、4頁。

之郵便物ハ本日上海行東京丸ニ而運送之積ヲ以、本日午后2時限リ当局へ向御差出シ有之度、此段及御通知候也[23]

大有丸が明治10年(1877)5月29日に神戸から琉球藩に向けて出港する予定であった。そのため東京から同船に輸送を委托する郵便物は、神戸に寄港する上海行の東京丸に輸送を託するためには、東京丸の出港に関して5月23日午後2時までに東京丸に届けるようにとの通知であった。

明治12年(1879)1月29日付の大阪『朝日新聞』に、

嶋津久光君は従者30名と共に一昨27日瀛船大有丸にて神戸に着港になり、直に當地(大阪)へ瀛車にて御着になり[24]、・・・

とある。薩摩の島津久光が大有丸に乗船して神戸に到着したことが記事になっている。

明治12年2月に「蒸瀛赤龍丸は來る16日鹿児嶋大島琉球へ・・・出帆[25]」とあるように、汽船の赤龍丸が大阪から鹿児島、奄美大島を経由して沖縄に行く予定であった。この赤龍丸は三菱会社の汽船で、その後も大阪『朝日新聞』の記事にしばしば登場する。

明治政府の『公文録』第81巻、内務省、明治12年12月の記事に、

乾駅第1012号　沖縄県へ郵船航海度数増加、右航海費増額之儀ニ付伺
沖縄県へ郵船航海之義、従前一ケ年6度ニシテ、其航海費駅逓局定額ヲ以仕払来候処、本年7月ヨリ更ニ定期毎月ニ増加、右増回ハ全ク沖縄県之上申無余義場合ニ原因致シ、郵便事業之目的ヲ達スル要、費ニ無之候間此増回[26]。

日本本土と沖縄県との郵便輸送に関して航海度数を増加することとなり、これまで1年間に6回であったものを、毎月1回の定期便とすること

23　C04026944500

24　大阪『朝日新聞』第3号、明治12年1月29日、雑報。

25　大阪『朝日新聞』第16号、明治12年(1879)2月15日、雑報。

26　A01100185600

になったのであった。すなわち明治12年（1879）までは日本本土と沖縄との間の郵便輸送は、年間6回であり、明治13年（1880）以降は毎月1回の定期輸送が行われることになるのである。

日本本土と沖縄県との毎月の郵便船の運航に関することは事実であったようで、次に列記する汽船の運航に関する記事から確認することができるであろう。

明治13年2月に「來る21日神戸抜錨の三菱會社滊船赤龍丸は鹿児島大島を經て琉球へ趣くと」[27]と、明治13年2月21日に神戸から赤龍丸が鹿児島、奄美大島を経由して沖縄に向かうことになっていた。

明治13年4月22日に「同（三菱）滊船赤龍丸は明23日午後6時鹿児島、大島を經て琉球へ向け神戸港を出帆致します」[28]と、明治13年4月23日午後6時に神戸港を出港する赤龍丸が鹿児島、奄美大島を経て沖縄へ航行する予定であった。

明治13年5月22日に「一昨々日記載せし三菱滊船赤龍丸は昨日出發の處、都合により本日午後6時の出港になりました」[29]とあり、ついで明治13年5月23日に「昨日記載せし三菱汽船赤龍丸は昨日午後出發の處、都合により本日午後6時の出港になりました」[30]とあるように、赤龍丸は明治13年5月23日午後6時に神戸港から出港したようである。

明治15年（1882）11月19日の廣告の「三菱滊船出帆廣告」に、

〇赤龍丸　鹿児島大島琉球行、11月28日頃、神戸港出發[31]

とある。赤龍丸が明治15年11月28日に神戸港から鹿児島と大島を経て琉球に出港する予定であったが、しかし明治15年11月28日の廣告の「三菱

27　大阪『朝日新聞』第135号、明治13年（1880）2月18日、雑報。
28　大阪『朝日新聞』第368号、明治13年4月22日、雑報。
29　大阪『朝日新聞』第394号、明治13年5月22日、雑報。
30　大阪『朝日新聞』第395号、明治13年5月23日、雑報。
31　大阪『朝日新聞』第1126号、明治15年11月19日、廣告。

瀛船出帆廣告」に、

〇赤龍丸　鹿児島大島琉球行、11月29日頃ニ出港日延[32]

とある。赤龍丸が明治15年(1882) 11月29日に神戸港から鹿児島と大島を経て琉球に出港することに変更された。

以上の記事からではあるが、明治13年(1880)のほぼ一年間に、郵便汽船三菱會社の赤龍丸が、神戸港から鹿児島、奄美大島を経由して沖縄県へ郵便汽船として活動していたことがわかる。

大阪『朝日新聞』の明治16年(1883) 2月3日付の広告欄に、

廣告

2月3日當港抜錨、兵庫港へ寄セ

一瀛船大有丸

鹿児島　大島　琉球行

長堀玉造橋南詰　林　爲五郎[33]

とあるように、沖縄県籍の汽船大有丸が、大阪から神戸そして鹿児島、奄美大島を経由して沖縄に到る汽船として運航されていたことが見られる。

明治16年4月8日の広告の「三菱瀛船神戸出帆」から「神戸出帆」と明記され神戸からの出港であることがわかる。

〇赤龍丸　鹿児島大島琉球行、4月13日午后7時出發[34]

とある。明治13年の郵便汽船であった赤龍丸が、明治16年4月8日に鹿児島と大島を経て琉球に神戸を出港する予定であった。

同紙、同日の広告欄に同盟係船取扱会社の広告が見られる。

瀛船平安丸

網島、折生追、油津、鹿児島、大島、琉球行

右ハ今般我扱同盟瀛船ト同様當社ニ於テ取扱之約定取結候。開示來同

32　大阪『朝日新聞』第1126号、明治15年11月28日、廣告。

33　大阪『朝日新聞』第1083号、明治16年2月3日、廣告。

34　大阪『朝日新聞』第1236号、明治16年4月8日、廣告(2段)。

船ト御取引ニ相成候貨主乗客諸君ハ尚一層御愛顧、御出荷、御乗船被成下度、奉願上候也。

大阪川口

同盟滊船取扱會社[35]

とあるように、新たに汽船平安丸が登場する。この船は同盟汽船取扱会社が運航する汽船であった。

明治16年(1883)4月15日の広告の「三菱滊船神戸出帆」に、

〇赤龍丸　鹿児島大島琉球行、4月15日午后7時出發[36]

とあり、同じく同広告欄に同盟気船取扱会社の気船平安丸の航行も見られる。[37]

この記事に見る同盟会社であるが、明治15年(1882)5月22日に汽船持主盟約証書を作成して団結し、同盟気船取扱会社として設立された会社である。[38]

明治16年5月11日の広告の「三菱滊船神戸出帆」には次のようにある。

〇赤龍丸　博多・鹿児島・大島・琉球行、5月13日午前4時出發[39]

この広告では新たに博多が寄港地に加わっている。その後は、以下のよう赤龍丸の琉球航路への就航記録が見られる。その記事を列記すれば以下のようである。

明治16年8月21日の広告の「三菱滊船神戸出帆」

〇赤龍丸　鹿児島・大島・琉球行、8月24日頃出發[40]

明治16年10月2日の広告の「三菱滊船神戸出帆」

35　大阪『朝日新聞』第1236号、明治16年4月8日、廣告(5段)。

36　大阪『朝日新聞』第1242号、明治16年4月15日、廣告(2段)。

37　大阪『朝日新聞』第1242号、明治16年4月15日、廣告(5段)。

38　神田外茂夫編『大阪商船株式会社五十年史』大阪商船株式會社、1934年6月、7頁。

39　大阪『朝日新聞』第1264号、明治16年5月11日、廣告(2段)。

40　大阪『朝日新聞』第1351号、明治16年8月21日、廣告(2段)。

〇赤龍丸　鹿児島・大島・琉球行、10月5日午前ニ出發[41]

明治16年(1883)12月11日の広告の「三菱滊船神戸出帆」

〇赤龍丸　鹿児島・大島・琉球行、12月12日頃出發[42]

明治16年12月25日の広告の「三菱滊船神戸出帆」

〇赤龍丸　鹿児島・大島・琉球行、12月26日午前6時出發ニ改[43]

以上のように赤龍丸の琉球航路就航は明治13年頃から始まり、明治15年末頃から明治16年末までの一年間はほぼ2ヶ月に1回の琉球航路に就航していたことが知られる。その赤龍丸であるが、大きな変化が見られる。

大阪『朝日新聞』明治17年(1884)1月23日付の雑報に、

> 三菱會社にては從來、赤龍丸を沖縄縣へ定期往復の滊船に充てありしが、乗客も荷物も共に僅少なるに付、今度此航海を廢するよしにて、此程神戸の三菱支社の支配人が該縣の支社引揚のため出發したりと。[44]

とあるように、三菱会社の赤龍丸が神戸から沖縄県への航路に就航していたが、搭乗客や積載貨物が少ないため、採算が取れず廢止されることになったのであった。

明治17年4月6日付の大阪『朝日新聞』には、

> 事務引續のため沖縄縣へ出張中の會計検査院長岩村通俊、･･･沖縄縣警察部長鹿倉兼文の諸氏一作夕、當地同盟會社滊船大有丸にて神戸に着し、海岸通の後藤方に宿しられしが、[45]･･･

とあり、沖縄から神戸に到着した大有丸には政府関係の高官たちが乗船していた。

41　大阪『朝日新聞』第1387号、明治16年10月2日、廣告(2段)。

42　大阪『朝日新聞』第1444号、明治16年12月11日、廣告(2段)。

43　大阪『朝日新聞』第1456号、明治16年12月25日、廣告(2段)。

44　大阪『朝日新聞』第1475号、明治17年1月23日、雑報。

45　大阪『朝日新聞』第1535号、明治17年4月6日、雑報。

明治18年（1885）6月11日付の広告欄に琉球航路の案内が見られる。

今般、共同運輸會社ニ於テ鹿児島・大島ヲ經テ琉球へ航路相開キ堅牢ノ汽船ヲ以テ運搬致儀、就テハ弊組ニ於テ船客及貨物等鄭重ニ取扱候間、多少拘ラス御出荷被下成度、奉願上候。

大阪西國橋西詰　神戸榮町三丁目　西京蛸薬師柳馬場　伏見京橋
丸紀組回漕店[46]

共同運輸会社の汽船が鹿児島そして奄美大島に寄港して琉球に趣く汽船を運航する予告が掲載された。

共同運輸会社は明治15年（1882）7月に日本政府が資本金が300万円として設立した会社である。[47]会社側の政府への請願書には、41隻の汽船で総噸数が55,300噸により、16航路を掲げ、その中に、「東京鹿児島琉球間」を700噸の蒸気船2隻を使って運航することが記されていた。[48]翌16年1月1日に東京風帆船会社、北海道運輸会社、越中風帆船会社の3社を合併して開業した。[49]しかし、明治18年9月には共同運輸会社と郵便汽船三菱会社が合併して、日本郵船会社が創立されるのである。[50]

明治18年になると大有丸は鹿児島県人の所有船となっていた。大阪『朝日新聞』明治18年10月31日付の雑報に次のようにある。

當港と鹿児島の間を航海する汽船大有丸は鹿児島縣士族林次郎右衛門氏の所有なるが、船体甚ゝ破損したるを以て去る5月より兵庫造船局にて大修繕を加へ居りし處、此頃落成せしに付き、昨日大坂安治川口迄運轉を試みられたり。右に就き兵神兩港（兵庫・神戸）の紳士を招

46　大阪『朝日新聞』明治18年（1885）6月11日、12日、13日の廣告欄に掲載。

47　日本郵船株式會社編『日本郵船株式會社五十年史』日本郵船株式會社。1935年12月、24-25頁。

48　日本郵船株式會社編『日本郵船株式會社五十年史』39-40頁。

49　日本郵船株式會社編『日本郵船株式會社五十年史』41頁。

50　日本郵船株式會社編『日本郵船株式會社五十年史』53-58頁。

待し饗應せり。右修繕費は3萬圓との事。[51]

大有丸の所有者は鹿児島の林次郎右衛門であった。永年の航海に破損が酷く、兵庫の造船局で修理を受けたのであった。先の大有丸の広告主の林爲五郎は、林次郎右衛門の兄弟か一族であろう。

大有丸が沖縄で発生したコレラの根絶に大いに尽力している。明治19年(1886) 10月5日付の大阪『朝日新聞』電報欄に、

> 沖縄縣の虎列拉(コレラ)　沖縄縣下には近頃虎列拉病大いに蔓延せしよしにて、鹿児島通の汽船大有丸は過般沖縄縣御用船となり、去月24日に同縣を發し、薬品買入のため同月29日神戸に着し、該品を積込、去2日同港を發せりと云。[52]・・・

とあるように、沖縄で発生したコレラを鎮圧するために神戸から薬品を購入して沖縄へ大有丸が輸送したのであった。

明治20年(1887)には大有丸は先島諸島の定期航路に就航していた。

> ・・・同所(那覇港)より宮古、八重山間は兼て大有丸が定期航海を爲し居る事、[53]・・・

と、大有丸が宮古島と八重山間の定期運航の汽船として使われていた。

明治21年(1888) 1月中の神戸日本郵船会社の「神戸定期船發着一覧表」が知られる。それによれば、1月8日(火曜日)の午前に美濃丸が、「琉球・大島・鹿児島ヨリ」入港し、1月12日(木曜日)の午後4時に、美濃丸が「鹿児島・大島・琉球行」と、神戸から出港する予定であったことがわかる。[54]美濃丸は、明治17年(1884)に英国のグラスゴーのヘンリー・ムレー会社によって建造された総噸数893噸の鉄製汽船で明治26年(1893) 6月8

51　大阪『朝日新聞』第2011号、明治18年10月31日、雑報。

52　大阪『朝日新聞』第2291号、明治19年10月5日、電報。

53　大阪『朝日新聞』第2412号、明治20年3月4日、電報「長門丸航海の模様」。

54　松浦章『近代日本の中国台湾汽船「航路案内」―船舶データベースの一端』関西大学アジア文化研究センター、2015年2月、132頁。

日座礁して売却された船[55]である。

明治21年（1888）になると、各汽船会社が沖縄航路を検討し始めた。大阪『朝日新聞』第2743号、明治21年4月14日付の「電報」記事欄に、

> 沖縄航業の事　當地及神戸より鹿児島・大島を經て沖縄縣に至る航業に於て兼てより、日本郵船會社、大坂（ママ）商船會社の諸船及び球陽丸（獨立船）豊瑞丸（同上）との間に、其運賃を競争する所ある由は兼て記載を經しが、其中商船會社の朝日丸は船体も小さく、且荷主の便を圖り、前記の外、各島嶼に寄港するを以て指して競争の衝に當らざるも、他の各船即ち郵船會社の播磨丸、美濃丸と球陽丸、豊瑞丸の4艘は、漸次烈く競争を試み[56]、･･･

などと見られた。とりわけ大阪商船会社は沖縄航路を計画していたようである。大阪『朝日新聞』明治21年6月28日の電報欄に次の「商船會社の事二件」が見られる。

> 大阪商船會社が來月一日より開始する筈の回漕店は別に本社と區別せずして一の回漕課となし、･･･大阪鐵工所の岸邊に碇泊せる外國船（英人アンダー氏の所有汽船フォール號）かの中の孰れかを買入るる由を記載せしが、今又聞く所にては安心丸の方は先づ見合せとなり、フォール號の方を買入るる趣なれども未だ代價の點に就て相談の纏らざる由、而して同社が右の汽船を買入れたる上は、當地より鹿児島・大島を經て沖縄への航路に用ふる筈なりと云ふ[57]。

とある。大阪商船会社は、関西の船舶所有者を中心に統合され、明治17年（1884）5月1日に開業した海運会社で、18本線と4支線を運航する形態

55　日本郵船株式會社編『日本郵船株式會社五十年史』632頁。

56　大阪『朝日新聞』第2743号、明治21年4月14日、電報。

57　大阪『朝日新聞』第2807号、明治21年6月28日

で創業した。[58] その第四本線が大阪、神戸、細島、油津、鹿児島[59]ではあるが沖縄への航路は無かった。

明治26年(1893)3月26日付の『讀賣新聞』の「便船發着」に陸奥丸が見える。

　來る31日午前4時48分、本局締切、神戸迄滊車送、同地に於て陸奥丸に積込み大島を經て琉球へ向け郵便差立。

　明治26年3月25日

　　東京郵便電信局[60]

大阪商船会社の航路拡張は明治28年(1895)7月4日付の大阪『朝日新聞』の雑報に「大阪商船會社の航路擴張」の記事に見られる。

　大阪商船會社には從來大阪以西沿海の定期航海を主とし、其外國航路とも云べきは、僅に内地と釜山仁川間のみなりしが、今度此航路を擴張して朝鮮國の新開港場と定れる木浦、大同江、及清國牛荘に及ぼし、時としては芝罘、天津に迄進航することとし、内國沿海の航路に在ては北海道の航海を便にせん爲め青森函館を起點として各兩港より定期航海を開かんこととし、又新版圖臺灣には沖縄航路を延長し、同島より八重山島を經て臺灣に至るの航路を開かんとの計畫あり。以上の3航路を擴張し船舶を改造し定期航海を開かんとするには同社現在の總頓數24,000-25,000噸の外、更に20,000噸以上の船舶を要す。即ち現在の資本金250萬圓を2倍にして、之を計畫を立てざるべからずとの議あり。已に其取調に着手しつつありと云ふ。[61]

日本郵船会社の多聞丸が琉球航路に就航していた案内が見られる。大阪『朝日新聞』明治30年(1897)4月7日の記事「郵船一束」が掲載されている。

58　神田外茂夫編『大阪商船株式会社五十年史』大阪商船株式會社、1934年6月、27-38頁。

59　神田外茂夫編『大阪商船株式会社五十年史』37頁。

60　『讀賣新聞』第5636号、1893年3月26日、6頁。

61　大阪『朝日新聞』第4919号、明治28年7月4日、雑報。

郵船會社の三河丸は來る14日頃神戸を發し直江津・新潟に、・・・又多聞丸（八馬兼介持船登簿噸數433.77）を新規に雇入れ、10日頃神戸にて受取濟の上ハ琉球航路に使用する由なり[62]。

日本郵船会社が新規に傭船した多聞丸を神戸からの琉球航路に使用しようとしていたことが知られる。

3　大阪商船会社の沖縄航路の開始

日本本土から沖縄への汽船航路に関してその航路を運航した大阪商船会社の社史『大阪商船會社五十年史』（以下『五十年史』と略す）の第二編「航路」、第三款「九州航路」、「一〇、大阪沖縄線」によれば以下のように記されている。

明治17年に大阪鹿児島間を不定期に航海せし平安丸は、随時大島・沖縄に延航せしが、翌18年9月大阪沖縄線を開始し、汽船一隻となし、神戸・鹿児島・大島に寄港した。19年上半期以降月1航海半、20年以降朝日丸・金龍丸・球陽丸等を以て月1乃至2航海となした。21年上半期以降油津に寄港し、24年5月毎19日目両地を發航に改め、郵便定期航海に限り特に細島・油津に寄港した。26年には多摩川丸等が就航せしが、17年1月毎月1回發航に改めた。34年4月沖縄経過台湾線開始のため、同年7月以降再び休航した。24年頃には當社の外に沖縄廣運株式會社・沖縄親睦會（代表大坪嘉太郎）・日本郵船の3社が本航路を経営し、相互に激甚なる競争を行ひしため、間もなく協定して共同計算を行ふことになつた。29年12月沖縄親睦會の後身たる鹿児島汽船株式會社成立し、薩摩丸を以て本航路を開始した（鹿児島汽船は34年沖縄共同汽船を買収し、38年5月新設の鹿児島郵船株式會社

62　東京『朝日新聞』第3788号、明治30年4月7日。

に合併された)。31年3月當社・鹿児島汽船及び沖縄廣運の3社が日本郵船より同社の航権を買収せしため、日本郵船は本航路より撤退するに至つた。

日本郵船の撤退に先だち當社は31年3月4日休航中の本航路を再開し、二見丸・隅田川丸・舞子丸等を以て、34年3月之を廃止した。35年使用船を二見丸・舞子丸となし、三津濱寄港を廃止した。39年當社・鹿児島郵船及び沖縄廣運との3社間に琉球航路同盟が成立した。41年9月以降馬山丸・平壌丸の外に取扱船たる　沖縄廣運の廣運丸を使用して毎月7航海となした。43年5月鹿児島郵船の協定船薩摩丸沖縄丸を加へて5隻毎月10航海に改めた。大正5年3月沖縄廣運株式會社を買収し、6月より使用船4艘毎月8航海に減じた。同年下半期には更に使用船2隻毎月4航海に減じ、神戸・大島に寄港して、鹿児島寄港を廃止した。6年上半期以降鹿児島に復航臨時寄港し、11月那覇丸・宮古丸・温州丸の3隻を以て毎月6航海に増加の上、神戸・油津・名瀬、復航臨時鹿児島・福島に寄港し、月1回宮古・八重山に臨時延航した。11年上半期使用船4隻毎月7回の航海となし、往航基隆、復航名古屋・横濱に臨時延航した。11年4月國有鐵道と鹿児島を連絡地として旅客・手小荷物の船車連絡を開始した。13年8月13日甲乙兩便を設け、甲便は臺北丸・以智丸の2隻が毎月5航海して、神戸・名瀬に寄港した。乙便は神戸・油津・名瀬を定期寄港地となしたるが、往航は基隆、復航京濱迄臨時延航し、使用船として蘇州丸・八重山丸・名瀬丸・須磨丸を随時使用して航海回数を月4乃至6回となした。14年4月乙便は鹿児島、復航油津寄港を廢止して古仁屋を定期寄港地となした。同年五月、日東汽船株式會社を買収し、更に10月には鹿児島郵船と航路協定の結果、同社の所有船正吉丸・久吉丸・沖縄丸の3隻を傭船の上、本航路を當社に於て經營することとなり、以後前記3隻が主として本航路に使用された。15年4月甲便を大阪那覇線と改稱すると共に、乙便は之を大阪沖縄線と稱し、神戸・油津（往航）・鹿児島・古仁屋（復航）・名瀬に寄港し、正吉丸・久吉丸の二隻を以て毎月四航海となした。昭和5年1月往航名瀬寄港に改め、又鹿児島寄港を廢止した。阪神と大島各島・沖縄航路間航路に於ける反對船としては昭和5年10月より川畑汽船、翌6年6月より奄美共同汽船現はれしが、前者は6年7月、後者は7年10月孰れも撤退した。[63]

これは、明治17年（1884）から昭和5年（1930）までの大阪商船会社の大阪沖縄航路がどうのように運航されていたかを端的に述べられた貴重な記録である。それを簡単に表示したのが次の表1である。

表1　1884-1930年大阪商船会社の大阪・沖縄航路の推移表

西暦	年号	事　　項
1884	明治17年	大阪鹿児島間　不定期航海　平安丸は、随時大島・沖縄に延航
1885	明治18年	9月　大阪沖縄線を開始　汽船1隻　神戸・鹿児島・大島に寄港
1886	明治19年	上半期以降　月1航海半
1887	明治20年	朝日丸・金龍丸・球陽丸等　　月1-2航海
1888	明治21年	上半期以降　油津に寄港
1891	明治24年	5月　毎19日目両地を發航、郵便定期航海のみ細島・油津に寄港 ・大阪商船の外に沖縄廣運株式會社・沖縄親睦會（代表大坪嘉太郎）・日本郵船の三社が大阪沖縄航路を経営。激甚なる競争その後、三社協定し共同計算を行う。
1893	明治26年	多摩川丸等が就航
1894	明治27年	1月　毎月1回發航に改変
1896	明治29年	12月鹿児島汽船株式会社成立　薩摩丸により沖縄航路を開始 （鹿児島汽船は1901年（明治34）沖縄共同汽船を買収。 1905年（明治38）5月鹿児島郵船株式會社と合併
1898	明治31年	3月大阪商船と鹿児島汽船と沖縄廣運の3社が日本郵船より同社の航権を買収。・日本郵船は本航路より撤退。

63　神田外茂夫編『大阪商船會社五十年史』大阪商船株式會社、1934年6月、151-153頁（880頁、附録72頁、図表9）。

1898	明治31年 明治34年	3月4日　大阪沖縄航路の再開　二見丸・隅田川丸・舞子丸等 3月廃止
1901	明治34年	4月　沖縄経過台湾線開始
1901	明治34年	7月以降　再休航
1902	明治35年	二見丸・舞子丸　三津濱寄港を廃止
1906	明治39年	大阪商船・鹿児島郵船・沖縄廣運との三社間に琉球航路同盟が成立
1908	明治41年	9月以降　馬山丸・平壌丸と沖縄廣運の廣運丸を使用　毎月7航海
1910	明治43年	5月鹿児島郵船の協定船薩摩丸沖縄丸を加へ5隻毎月10航海
1916	大正5年	3月　沖縄廣運株式會社を買収 6月　使用船4艘毎月8航海に減 同年下半期　使用船2隻毎月4航海に減 神戸・大島に寄港、鹿児島寄港を廃止
1917	大正6年	上半期以降　　復航：鹿児島に臨時寄港 11月　那覇丸・宮古丸・温州丸の3隻　毎月6航海に増加 神戸・油津・名瀬、復航臨時鹿児島・福島に寄港 1回　宮古・八重山に臨時延航
1922	大正11年	上半期　使用船4隻毎月7回航海 往航基隆、復航名古屋・横濱に臨時延航 4月　國有鐵道と鹿児島を連絡地とし旅客・手小荷物の船車連絡を開始
1924	大正13年	8月13日　甲乙兩便を設置 甲便は臺北丸・以智丸2隻が毎月5航海　神戸・名瀬に寄港 乙便は神戸・油津・名瀬を定期寄港地 往航は基隆、復航京濱迄臨時延航 使用船：蘇州丸・八重山丸・名瀬丸・須磨丸を随時使用 航海回数：毎月4-6回
1925	大正14年	4月　乙便は鹿児島、復航油津寄港を廢止　古仁屋を定期寄港地 5月　日東汽船株式會社を買収　鹿児島郵船と航路協定 10月　鹿児島郵船の所有船正吉丸・久吉丸・沖縄丸の3隻を傭船 本航路を大阪商船の經營となり3隻が大阪沖縄航路に使用
1926	大正15年	4月　甲便を大阪那覇線と改称　乙便は大阪沖縄線とする。 神戸・油津(往航)・鹿児島・古仁屋(復航)・名瀬に寄港 正吉丸・久吉丸の2隻により毎月4航海

1930	昭和5年	1月　往航名瀬寄港に改め、鹿児島寄港を廢止 阪神と大島各島・沖縄航路間航路に昭和5年10月より川畑汽船翌6年6月より奄美共同汽船が就航　前者は6年7月、後者は7年10月に撤退

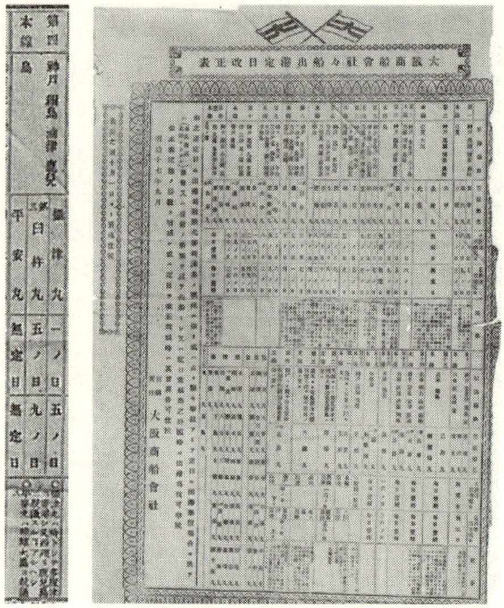

日本本土から沖縄への汽船航運の開始は、明治17年(1884)に始まる。大阪と鹿児島間を不定期に運航された。その汽船は平安丸であった。平安丸は鹿児島からさらに臨時的に奄美大島や沖縄本島に延航していた。大阪商船会社の明治17年9月の「開業當時の配船表」[64](右写真参照)によれば、第四本線として神戸・鍋島・油津・鹿児島の航路に使用された平安丸は「記事」に「平安丸ハ琉球大島ニ航通ス」とあり、不定期ではあるが、平安丸が沖縄に航行していたことが知られる。平安丸は木造の蒸気船で、登簿噸数が289.06トン、公称馬力が25.0馬力、明治14年(1881)12月に製造された船であった。[65]

そして翌18年(1885)9月から大阪沖縄線が開始され、一隻の汽船が神戸・鹿児島・大島に寄港するようになったのである。

明治19年(1886)の上半期以降は毎月一航海半となり、さらに明治20年(1887)以降は、朝日丸・金龍丸・球陽丸などの汽船によって毎月1～2航海

64　神田外茂夫編『大阪商船會社五十年史』40-41頁の挿入写真による。
65　神田外茂夫編『大阪商船會社五十年史』360頁。

の運航とした。このうち朝日丸は右写真の船で、307トンであった。[66]

日本郵船会社も明治19年(1886)9月30日の時点では神戸琉球線を沿岸航路13線の1航路として運航していた。[67] 同航路は日本郵船会社の「當社各航路開廢圖表(近海)」によれば、「九、其他」に神戸琉球線とあり日本郵船会社の創業時の明治18年(1885)10月より明治31年(1898)10月まで運航されていた。[68]

明治36年(1903)10月から翌年1月までの4ヶ月間ではあるが神戸からの沖縄航路の運航状況を『神戸又新日報』に掲載された「大阪商船株式會社船便廣告」から見てみたい。

明治36年10月の『神戸又新日報』第6212号、明治36年10月6日付の「大阪商船株式會社船便廣告」によると、「臺東丸　10月13日午後3時　鹿児島沖縄八重山基隆澎湖安平打狗行」[69] とある。ついで『神戸又新日報』第6217号、明治36年10月11日付の「大阪商船株式會社船便廣告」には、「二見丸　10月16日午後7時　鹿児島大島沖縄行」[70] また同紙第6231号、明治

66　神田外茂夫編『大阪商船會社五十年史』362-363頁挿入写真による。
67　日本郵船株式會社編『日本郵船株式會社五十年史』日本郵船株式會社、1935年12月、83頁。
68　日本郵船株式會社編『日本郵船株式會社五十年史』508-509頁間に附載圖表による。
69　『神戸又新日報』第6212号、明治36年10月6日、8頁。神戸市公文書館所蔵の複製本に依拠した。以下同じ。
70　『神戸又新日報』第6217号、明治36年10月11日、8頁。

36年(1903)10月26日付の「大阪商船株式會社船便廣告」には、「二見丸　10月31日午後7時　鹿児島大島沖繩行」[71]とある。

11月は『神戸又新日報』第6237号、明治36年11月1日付の「大阪商船株式會社船便廣告」によると、「臺東丸　11月13日午後3時　鹿児島沖繩八重山基隆澎湖安平打狗行」と「二見丸　11月2日午後7時　鹿児島・大島・古仁屋・徳ノ島・沖繩行」[72]とある。同紙第6241号、明治36年11月6日付の「大阪商船株式會社船便廣告」には、「舞子丸　11月11日午後7時　鹿児島・大島・沖繩行」[73]とあるが、8日付では舞子丸は「門司・境行」[74]となっている。そして同紙第6253号、明治36年11月18日付の「大阪商船株式會社船便廣告」には、「二見丸　11月20日午後7時　鹿児島大島沖繩行」[75]とあり、臺東丸の台湾行きの運航では沖縄、八重山に寄港していた。二見丸が最終地沖縄行きの運航であった。

12月は同紙第6265号、明治36年12月1日付の「大阪商船株式會社船便廣告」には、「二見丸　12月4日午後7時　鹿児島・大島・沖繩行」[76]とある。『神戸又新日報』第6270号、明治36年12月6日付の「大阪商船株式會社船便廣告」によると、「臺東丸　12月13日午後3時　噸數2,009 船長後神吉運　鹿児島・沖繩・八重山・基隆・澎湖島・安平・打狗行」[77]と、この広告記事では臺東丸の噸數と船長も記されている。同紙第6278号、明治36年12月14日付の「大阪商船株式會社船便廣告」には、「舞子丸　12月14日午後7時　鹿児島・

71 『神戸又新日報』第6231号、明治36年10月26日、8頁。
72 『神戸又新日報』第6237号、明治36年11月1日、8頁。
73 『神戸又新日報』第6241号、明治36年11月6日、8頁。
74 『神戸又新日報』第6243号、明治36年11月8日、8頁。
75 『神戸又新日報』第6257号、明治36年11月18日、8頁。
76 『神戸又新日報』第6265号、明治36年12月1日、8頁。
77 『神戸又新日報』第6270号、明治36年12月6日、8頁。

大島・沖繩行」[78]とある。同紙第6292号、明治36年(1903)12月28日付の「大阪商船株式會社船便廣告」には、「隅田川丸　12月30日午後7時　鹿児島・大島・沖繩行」[79]とある。同紙第6298号、明治37年(1904)1月5日付の「大阪商船株式會社船便廣告」には、「舞子丸　1月10日午後7時　鹿児島・大島・沖繩行」[80]とある。同紙第6310号、明治37年1月17日付の「大阪商船株式會社船便廣告」には、「沖繩行　隅田川丸　1月19日午後3時　鹿児島・大島・沖繩行」[81]とあり、「廣告」ではこの月から「沖繩行」の文字が太字で示されるようになる。それまでは、他の航路表示と区別が無かった。

神戸から沖縄への汽船は臺東丸が最終地が台湾の打狗すなわち高雄で、高雄までの寄港地として沖縄すなわち那覇と八重山に寄港していた。この臺東丸の運航は毎月1回であった、それに対して沖縄を最終地として鹿児島と奄美大島に寄港する二見丸等の運航があった。これらはほぼ10日ごとに運航されていたことがわかかる。この時期に沖縄航路や沖縄経由台湾航路に、大阪商船が投入した汽船の臺東丸は英国で建造された総噸数1,944.06噸の鋼鉄製貨客船で、総噸数937.88噸の二見丸と1,178.11噸の舞子丸はドイツで建造され[82]、隅田川丸総噸数742.96頓は明治22年(1889)に英国で建造された鉄製貨客船であった[83]。この汽船の運航から見て、大阪商船会社は台湾への航路には2,000噸級に近い汽船を、沖縄航路には1,000噸級あるいはそれ以下の汽船を運用していたことが知られる。

『神戸又新日報』第9142号、明治45年(1912)1月5日付の「大阪商船株式會社船神戸出帆廣告」によると、

78　『神戸又新日報』第6278号、明治36年12月14日、8頁。
79　『神戸又新日報』第6292号、明治36年12月28日、8頁。
80　『神戸又新日報』第6298号、明治37年1月5日、8頁。
81　『神戸又新日報』第6310号、明治37年1月17日、8頁。
82　神田外茂夫編『大阪商船株式会社五十年史』384頁。
83　神田外茂夫編『大阪商船株式会社五十年史』371頁。

沖縄経過基隆線　能登丸　8日（午後7時）

沖縄行　　　　　漳州丸　5日（午後7時）　金澤丸　7日（午後7時）

但シ鹿児島・大島寄港[84]

とあり、同紙第9185号、明治45年（1912）2月17日の「大阪商船株式會社船神戸出帆廣告」に、

沖縄経過基隆線　漳州丸19日（午後7時）　能登丸29日（午後7時）

沖縄行　　　　　金澤丸22日（午後7時）　京城丸25日（午後7時）

但シ鹿児島・大島寄港[85]

とあるように、明治45年当時は、大阪商船会社は能登丸、漳州丸、金澤丸、京城丸などを沖縄寄港の基隆行きと、鹿児島、奄美大島経由の沖縄行きとして運航していた。

『神戸又新日報』第9429号、大正元年（1912）10月18日付の「大阪商船株式會社船神戸出帆廣告」によると、

沖縄経過基隆行　漳州丸　27日（午後7時）

沖縄行　　　　　平壌丸　20日（午後7時）　廣運丸　22日（午後7時）

但鹿児島・大島寄港[86]

とある。同紙第9430号、大正元年10月19日付の「大阪商船株式會社船神戸出帆廣告」によると、

沖縄経過基隆行　山光丸　21日（午後7時）　漳州丸　27日（午後7時）

沖縄行　　　　　平壌丸　19日（午後7時）　廣運丸　22日（午後7時）

但鹿児島・大島寄港[87]

と、新たに山光丸が加わり、平壌丸の出港日が変更されている。

『神戸又新日報』第9453号、大正元年11月11日付の「大阪商船株式會社

---

84 『神戸又新日報』第9142号、明治45年（1912）1月5日、8頁。

85 『神戸又新日報』第9185号、明治45年（1912）2月17日、8頁。

86 『神戸又新日報』第9429号、大正元年10月18日、4頁。

87 『神戸又新日報』第9429号、大正元年10月18日、4頁。

船神戸出帆廣告」によると、

沖縄経過基隆行　能登丸　4日（午前10時）

沖縄行　　　　　京城丸　12日（午後7時）　平壌丸　16日（午後7時）

但鹿児島・大島寄港[88]

とある。『神戸又新日報』第9455号、大正元年（1912）11月13日付の「大阪商船株式會社船神戸出帆廣告」によると、

沖縄経過基隆行　御嶽丸　16日（午前10時）　漳州丸　23日（午前10時）

沖縄行　　　　　金澤丸　15日（午後7時）　平壌丸　16日（午後7時）

但鹿児島・大島寄港[89]

『神戸又新日報』第9482号、大正元年12月10日付の「大阪商船株式會社船神戸出帆廣告」によると、

沖縄経過基隆行　能登丸　10日（午後7時）　二見丸　18日（午後7時）

沖縄行　　　　　金澤丸　11日（午後7時）　廣運丸　13日（午後7時）

但鹿児島・大島寄港[90]

『神戸又新日報』第9484号、大正元年12月12日付の「大阪商船株式會社船神戸出帆廣告」によると、

沖縄経過基隆行　漳州丸　14日（午後7時）　二見丸　20日（午後7時）

沖縄行　　　　　廣運丸　14日（午後7時）　平壌丸　16日（午後7時）

但鹿児島・大島寄港[91]

とある。

『神戸又新日報』第9504号、大正2年（1913）1月1日付の「大阪商船株式會社船神戸出帆廣告」によると、

沖縄経過基隆行　吉辰丸　2日（午後7時）　能登丸6日（午後7時）

88　『神戸又新日報』第9429号、大正元年10月18日、4頁。

89　『神戸又新日報』第9455号、大正元年11月13日、7頁。

90　『神戸又新日報』第9482号、大正元年12月10日、7頁。

91　『神戸又新日報』第9484号、大正元年12月12日、7頁。

沖縄行　　　　　沖縄丸31日(午後7時)　京城丸3日(午後7時)

但鹿児島・大島寄港[92]

と見られるように、新たに吉辰丸、沖縄丸が投入されている。

明治末から大正にかけて、大阪商船会社は沖縄経由台湾航路や沖縄航路には、明治35年(1902)製造の鋼鉄製貨客船、1,207.85噸の京城丸、同36年(1903)製造の鋼鉄貨客船、総噸数1,201.74噸の平壌丸[93]で、漳州丸はドイツから明治38年(1905)に購入した鋼鉄船貨客船、総噸数1,611.76噸であった。[94]この他、能登丸、吉辰丸、金澤丸、廣運丸は大阪商船会社の所有船ではなくチャーター船であった。とりわけ廣運丸は沖縄広運株式会社の汽船で総噸数1,268.95噸で、のちに大阪商船は沖縄広運会社から大正5年(1916)に購入している。[95]

大正2年(1913)当時の鹿児島から那覇への航路の状況に関して、『福岡日日新聞』大正2年3月5日付の「載貨改善内容　鹿児島線空車補充策」の記事に「九鉄管理局泉参事の鹿児島線載貨改善に関する談話に就き青木熊本運輸事務所長の語る処左の如し」として次の内容が掲載されている。

載貨改善方法　人吉鹿児島間及び小林線の着荷殆んど皆無にして、積荷無尽蔵なる為め、1日平均27台の空車を熊本より回送して積取りを為しつつあるに対し、疾くより改善の方法を講じ居たるものにて、今回愈之が実行を為さんとするものなり。而して其方法として、先ず大阪商船会社の鹿児島航路線の燃料炭を鹿児島に於て供給し、同時に朝鮮より獣骨肥料を移入して鹿児島方面に輸送せんとするに在り。

実行如何　現在鹿児島汽船の定期寄港をなしつつあるは大阪商船会社、鹿児島郵船会社、及び太洋商船会社の3社にして、大阪商船及び

92　『神戸又新日報』第9504号、大正2年(1913)1月1日。

93　神田外茂夫編『大阪商船株式会社五十年史』390頁。

94　神田外茂夫編『大阪商船株式会社五十年史』397頁。

95　神田外茂夫編『大阪商船株式会社五十年史』414頁。

鹿児島郵船は互に妥協して大阪鹿児島間、大島沖縄間の2航路に就き同回数の定期航海をなし。別に大阪商船は臨時船を時々鹿児島に寄港せしめ、鹿児島郵船は太洋商船と共に鹿児島巡航を為しつつあり。之に対し我が鉄道院は、鹿児島に於て燃料炭として鹿児島郵船、太洋商船に1ケ月凡そ1,000噸の石炭を供給し居れるが、尚大阪商船全部の燃料炭を供給するに於ては1ケ月合計凡そ3,000噸余に達すべきに依り、鹿児島線及び小林線の載貨改善方法として此の商船の燃料炭全部を鹿児島に於て供給せんとし、今回大阪商船会社の鹿児島支店に交渉したり。然るに同店にては本店さえ承諾せば異議なしとの事なりしより、其後更に商船の本社に対し交渉をなし居れるが、多分承諾を得べく、愈実行の上は1日平均12-13台の空車を充たすを得べし。

効果の程度　然れども現在運転中の空車は、27台の空車を残す次第なれば、他に適当なる改善方法を講ぜざる可からず。其一方法として朝鮮より牛豚等の獣骨を移入し、鹿児島方面に輸送せんとする計画あり。既に朝鮮鉄道との間に交渉を遂げたるが、元来鹿児島方面は、骨粉肥料を使用する事盛んにして、其原料たる獣骨は郵船、商船、社外船にて大連・上海等より長崎を経て盛んに輸入しつつありて、其需要は頗る多大なるも、朝鮮は支那に比し収益少ければ鉄道院に於て之等汽船会社と競争せんとするも及ばざるは勿論、多くの空車を充たす事は到底不可能なるべし。要するに前記工有法を実行するとしても、林産物無尽蔵なる人吉鹿児島間及び小林線に回送せる空車全部を充たす事は不可能にして、充分なる載貨改善方法と云うを得ざるも、之が為得る所の収益は決して鮮小ならざるべし云々。

大正2年(1913)当時、大阪商船と鹿児島郵船が協定し、互いに大阪・鹿児島間、大島・沖縄間の2航路を運航し、同回数の定期運航を行っていた。さらに大阪商船が臨時船を鹿児島に不定期に寄港していたことが知られる。

『沖縄実業新聞』大正3年(1914)9月5日付の大阪商社会社内航部長　中

川浅之助の談話記事「沖縄航路と砂糖運賃問題を論じて沖縄産業の開発に及ぶ」として次の内容が見られる。

沖縄は近来著しく開発され、物産も亦た之れに従って増加された。砂糖の如きは其増進見るべきもので、誠に沖縄県産業の生命であると云って宜しい。沖縄には我が社は航路を経営して居るので、其の地の開発に尤も密接なる関連を有し、我社は大に努力をして居るつもりである。沖縄の航路は目下1,200噸型のものを以てして居るが、沖縄に使用するは之を以て充分とは思って居らぬ。今度藤永田造船所で那覇丸と云う新船が進水した。之れは其の命名からして沖縄航路に使用するものと世間では思って居るであろう。元来此の型の船は全部で3艘造る事になって、八月末から九月末にかけて進水する第2船は大阪鉄工所で宮古丸、第3船は兵庫三菱で八重山丸が進水する。是等は何れも沖縄群島の名に取ったものであるから沖縄航路に使用するものと思われて居る。然し之れは元来鹿児島・大阪間の定期航路に使用する目的、即ち1日措きの定期で建造したものであるが、其の時の都合で沖縄の方面へ廻わす事もあるであろうから、先ず以って沖縄航路に使用するものと見ても差支えはない訳だ。然し沖縄航路に使用するは1,000噸型では少し小さいと思う。1,500噸位のものを欲しいのであると思って居る。沖縄航路補助の問題は、沖縄県知事や鹿児島県知事が熱心に講究して居られる。又た東京でも此の問題は論ぜられて居るが、何うも実現されるかどうか今の処一寸むつかしいように思う。扨て沖縄航路に於て最もやかましいのは砂糖運賃問題である。砂糖の運賃が高いから引き下げて呉れと云う事で、此の問題は沖縄の新聞なぞでもやかましく論ぜられて居る。我が商船会社は決して運賃を下げぬと云うではない。下げる事を理想として居る漸次逓減したいは山々である。然し理想と云うものは種々の故障やら都合があって直ちに実行すると云う事が出来ないのである。引下要求者の方では斯う云う事を言って居る。沖縄航路の砂糖運賃は台湾に比較して甚だ高いので台湾の通りとは言わぬが、セメテ台湾に近い運賃に下げて貰い度いと云うのである。成程台湾は担（100斤）が17-18銭で、沖縄の方は担（135斤）27-28銭、30銭ともある。然し此の比較を以て攻め立てられては困るのである。ナゼ台湾と沖縄とを同じように取扱う事が出来ぬかと云と、凡そ右の二理由がある。

一、台湾は往復共に船貨豊富なるも沖縄は然らざる事。

二、台湾は荷役の便宜しきも沖縄は然らざる事。

先ず第一に於て述べんに、台湾は往航には木材、建築材料、雑貨等、夫れから香港、上海、福州行の石炭なぞも満載であって、又た復航には製糖期でなくとも積荷は沢山ある。然るに沖縄は製糖期には帰り貨はあっても、往航の荷がない。其処へ以って来て製糖期が済めば、帰りが片荷になる。勿論往航には肥料なぞの積荷はあるが、台湾の往航の豊富なるに比すべくもない。第二の荷役の問題であるが、台湾は打狗の港湾深く入って、4,000-5,000噸の大船でも便利に荷役が出来、人夫の手数も少くて済む。然るに沖縄は左様な大船は着かぬ。1,500-1,600噸位のものでなければ出来ぬ。沖繋りになれば荷役費も多用を免れぬ。たとえ人夫1人の働賃は安くても多くの人夫を使用せねばならぬから結果多用だ。其処へ以って来て沖縄は暴風が甚だしく、荷役を妨げ台湾で2日で出来る荷役も、沖縄では7日もかかると云う事になる。斯様な訳で沖縄航路は台湾航路に比して甚だ不利がある。論より証拠だ。沖縄の航路は儲かっては居ない。我社の事は後にして沖縄航路同盟の一鹿児島郵船の営業状態は何うかと云うと、船価償却もせで七朱位の配当だ。廣運会社はアノ通りである。其処で我社であるが、我社は内国航路を一纏めにして居るから沖縄航路丈けを引き離して見ねば詳しい事は明らぬが、勿論儲かっては居らない。人或は云わん、商船会社は乗客が多いから他の社と見れば儲けるであろうと。成程船室が広く好い設備がしてあるから客は多いが、其の代わり此の客室を広くとって居るから積貨のスペースを夫れ丈け奪う訳である。夫れのみならず、我社の使用船は船価が高い。京城・平壌丸は25-26万円もかかって居る。今でも17万円位の船価はある。然るに他の会社の汽船は船価が安い。其の安い船に対して高価な船を以って、同じ運賃でやるのであるから引き合う事じゃない。斯様な訳であるから、沖縄航路は台湾のような取扱は出来ぬのである。此点は大に諒察して欲しいのである。で沖縄砂糖の運賃も引き下げは之れを理想として居り、色々の方法を講し、経済的に立案して引き下げを度きを希望して居るが、今直ぐ引き下げると云う訳には行かぬのである。然し台湾と沖縄航路が事情上述の差異があるにも不拘、其の運賃は事実左様な差違はないかと思うと云うのは、沖縄砂糖荷主は特約戻しと云うものを受ける。表向は1担30銭でも之れに内々の特約戻しがある。大きいのになると2割位ある今之れを沖縄の1担135斤を台湾同様100斤として換算すれば約24銭余となる。之れが2割引となれば約20銭となる訳である。台湾の18銭と比較すれば2銭の差のみ。即ち事実に於ては砂糖荷主の注文通り台湾の運賃に近いのではないか。理屈は兎も角、我社は今後努めて運賃の引き下げに努力する積りであるから、我社の意志を十分諒解して貰い度いので、あと誠に沖縄の砂糖は我国の重要なる物産で近年肥料の使用と共に著しく増収が出来、沖縄大島を合せ120万担を以って算せらる。今後大島が肥料を用うるようになり、旁々増収策の講ぜらるるに於ては、5年後には150万担は困難でなかろうと思われる。台湾と雖も普通は300万担程であるが、凶作の時は160-170万担であるから、5年後の沖縄の砂糖の収額150万担に比すれば、大した差なく実に重大なる物産と云うべく、沖縄は吾国の産業上、実に重大なる使命を負んで居るものと云わねばならぬ。此の点は我社も尤も注意を払いつつある処で、沖縄の開発、砂糖の増収問題に就ては、我が社は大に力を注ぎ度いと思って居るのであるから、運賃等の問題に就ても決して誠意のない筈がない。何処迄も吾人は同情と興味とを以て沖縄の産業開発に注意し、共に倶に方法を講じたいと思うのである。

大阪商社会社の内航部長であった中川浅之助の談話の形式で、大正3年(1914)頃の沖縄航路のことが述べられ、特に後半は沖縄産の砂糖の輸送運賃と台湾産との高低の問題の原因に関して述べている。この中で就航船について触れられている。那覇丸、宮古丸、八重山丸である。製造年月日から言えば宮古丸が最初で、大正3年7月18日に大阪鉄工所で造船され、1,013.34総噸数の貨客船である。八重山丸は同月23日に神戸三菱造船所で造船された貨客船で1,035.73総噸数である。那覇丸は同年8月6日に藤永田造船所において建造された貨客船で961.62総噸数であった。[96]

『時事新報』大正5年(1916)3月6日付の「大阪商船新航路　鷹島線受命と沖縄方面統一」によれば、沖縄航路に関して次のようにある。

大阪商船会社は、今回内地沖縄台湾間に新に三線の定期船航路を開始するに内定し、来る4月以後の本邦西南部近海に於ける海運界の面目を殆ど一新す可しと予想せしむるに至れり。

鹿児島命令線　政府の提案に係る大島経由鹿児島沖縄線、鉄道院連絡定期命令航路開始の件は、本期議会に於て既に諸航路に対する補助金額40,000円の支出を可決せられたるが、其後当時者間の交渉の結果、同航路の命令は大阪商船にて受命する事に内定し、近く正式の手続きを踏み、4月より同航路を開始する筈にて、其使用船は1,500-1.600噸級の快速力の乗客船1隻を以て当て、一ケ月5-6回の航海を為す筈にて、商船は目下其準備中なり。

横浜基隆線　商船会社は、従来大型貨物船を以て紀州勝浦、又は大阪神戸鷹島・宮古・八重山其他を経て基隆に至る間に、毎月2-3回宛不

96　神田外茂夫編『大阪商船株式会社五十年史』409頁

定期の航海を為し、主として木材・生豚等の運輸に充て居たるが、今回其不定期航路を廃止すると共に、4月より横浜・基隆間に自由定期航路を開き、1,500-1,600噸級の小型貨物船2隻を以て、横浜を起点とし勝浦・大阪・鹿児島・沖縄を経て基隆に至る間に、毎月2回の定期航海を為し、主として砂糖・木材等の貨物運搬に充つる事に決定せり。

沖縄命令線　大阪商船は、三日の重役会に於て沖縄廣運社を買収し、同社の航路権及び其所有船廣運丸を譲り受くるに決したるは既記の如くなるが、元来廣運社、大阪商船、鹿児島郵船は共に貨客運賃合併計算に依り汽船同盟を結び、大阪より鹿児島・大島を経て那覇に至る定期航海を為し来れる外、廣運社単独にて那覇を中心とし沖縄県下諸島を連絡する沖縄県定期命令線（補助金18,000円）の航海を営業し来れり。従って大阪商船は、今回廣運社所有の航路権買収と共に、廣運社の大阪・那覇間定期航路同盟より脱し、該同盟航路は大阪商船、鹿児島郵船両社の合併となり、其使用船は大阪商船四隻、鹿児島郵船一隻なれば、大阪商船は同航路の約八割の勢力を占むるに至れるを以て、右沖縄県命令航路権をも新に継承する事となれり。従って沖縄を中心とする海運界は、大阪商船に依って統一せられんとする傾向顕著となるに至れり。

とあるように、沖縄航路は大正5年（1916）に至って大阪商船会社により寡占されることになったのである。

大正3年（1914）から大正15年（1926）までの12年分の毎年1月初の『神戸又新日報』に掲載された「大阪商船株式會社神戸出帆廣告」から沖縄行の汽船名を掲げてみた。

表2　大正3年-大正15年(1914-26)毎1年1月初の大阪商船会社の神戸出港沖縄行汽船名表(『神戸又新日報』掲載)

掲載月日	号数	頁数	船名	出港日	航行地
大正3年1月8日(1914年)	9876号	6頁	大信丸	神戸8日午後7時	沖縄行 但鹿児島・大島寄港
			沖縄丸	神戸11日午後7時	
大正4年1月2日	10235号	12頁	京城丸	神戸3日午後7時	沖縄行き
			平壌丸	神戸5日午後7時	
大正5年1月1日	10599号		沖縄丸	神戸6日	鹿児島・大島沖縄行
大正6年1月1日	10965号		那覇丸	神戸3日午後7時	沖縄経由基隆行
大正7年1月1日	11330号	14頁	温州丸	神戸2日午後7時	沖縄行
大正8年1月2日	13286号	12頁	宮古丸	大阪5日正午	沖縄行 大島経由
				神戸午後7時	
大正9年1月2日	13651号	12頁	石見丸	大阪8日正午　神戸	沖縄行、神戸・大島経由
大正10年1月1日	12426号	11頁	以智丸	神戸9日午後7時	沖縄行
大正11年1月2日	14382号	12頁	須磨丸	大阪4日正午　神戸	沖縄行、神戸・名瀬行
大正12年1月2日	14747号	12頁	以智丸	大阪4日午前10時　築港桟橋発	沖縄行き
			宮島丸	大阪7日午前10時	
大正13年1月2日	15112号	12頁	基隆丸	神戸2日午後2時	沖縄行
			以智丸	神戸6日正午	
大正14年1月1日	13887号		以智丸	神戸7日　乗込9時 午前10時出発	沖縄急行
			臺北丸	神戸13日	
大正15年1月3日(1926年)	14252号	2頁	大球丸	神戸7日　乗込9時 午前10時出発	沖縄急行
			臺北丸	神戸13日	
注：大正8、9、11、12, 13年分は大阪『朝日新聞』により補った。					

大正年間になると大阪・神戸から毎週2便の沖縄行きが運航されていた。それらは大正初期は、鹿児島、奄美大島経由であったが、大正末期になると「沖縄急行」があらわれ、迅速な運航が可能となったのである。

次に大正末から昭和初期の大阪商船会社の本州から沖縄への運航状況を見てみたい。

『神戸又新日報』の大正15年(1926)3月から10月までの大阪商船会社の

神戸発沖縄行きの汽船を整理すると次の表のようになる。

表3　大正15年(1926)大阪商船会社の神戸出港沖縄行汽船名表(『神戸又新日報』掲載)

掲載月日	号数	頁数	船名	出港日	船名	出港日
3月16日	14324号	8頁	大球丸	19日乗込9時	臺北丸	25日午前10時
4月4日	14342号	8頁	臺北丸	7日乗込9時	大球丸	13日午前10時
4月15日	14353号	8頁	臺北丸	19日乗込9時	大球丸	25日午前10時
4月30日	14368号	8頁	臺北丸	1日乗込9時	大球丸	7日午前10時
5月13日	14381号	8頁	臺北丸	13日乗込9時	天草丸	19日午前10時
5月30日	14398号	8頁	天草丸	31日乗込9時	臺北丸	6月7日午前10時
6月12日	14411号	8頁	天草丸	12日乗込9時	臺北丸	19日午前10時
6月24日	14423号	8頁	天草丸	25日乗込9時	臺北丸	1日午前10時
7月12日	14340号	8頁	臺北丸	13日乗込9時	天草丸	19日午前10時
8月5日	14465号	8頁	大球丸	7日乗込9時	天草丸	13日午前10時
10月14日	14534号	10頁	天草丸	20日乗込9時	臺北丸	25日午前10時

大正15年(1926)当時、大阪商船会社は本州からの沖縄航路に臺北丸、天草丸、大球丸を投入していた。臺北丸は鋼鉄製客船、総噸数2,485.23噸、天草丸は鋼鉄製貨客船で総噸数2,356.01噸であった。[97] 大球丸は大正14年(1925)5月に日東汽船会社から購入した鋼鉄船貨客船の総噸数1,517.92噸であった。[98] 大阪商船会社は、本州からの沖縄航路に、1,500噸級から2,400噸級の汽船を投入して運航するようになっていたのである。

昭和3年(1928)1月初めの大阪商船会社の運航は次のようであった。

97　神田外茂夫編『大阪商船株式会社五十年史』422頁。

98　神田外茂夫編『大阪商船株式会社五十年史』432頁。

表4　1928年(昭和3)大阪商船会社の神戸出港沖縄行汽船名表(『神戸又新日報』掲載)

掲載月日	号数	頁数	船名	出港日	航行地
1月3日	16565号	16頁	臺北丸	大阪6日午後3時 神戸翌午前10時	沖縄直行 名瀬・各島
			大球丸	大阪12日午後2時 神戸同午後7時	沖縄行 名瀬、那覇、先島
1月10日	16572号	8頁	新高丸	大阪12日午後2時 神戸翌午前10時	沖縄直行 名瀬・各島
			大球丸	大阪12日午後2時 神戸同午後7時	沖縄行 名瀬、那覇、先島

ここに登場する新高丸は、鋼鉄船貨客船で明治45年(1912)7月に英国で建造された総噸数2,654.83噸の汽船であった。[99]臺北丸は昭和3年(1928)6月に北日本汽船会社に売却された[100]ので、大阪商船会社船として晩期の運航であったことがわかる。

『大阪商船会社五十年史』は、昭和5年(1930)までの記述であるが、その後の沖縄航路に関して『大阪商船株式会社八十年史』(以下『八十年史』と略す)[101]で補ってみた。

『八十年史』航路編、第2章琉球航路によれば、大阪沖縄線、大阪那覇線、鹿児島那覇線、那覇基隆線、戦後の琉球航路[102]について述べられている。

そこで『五十年史』以降の記述を中心に、大阪商船会社の沖縄航路の状況につて見てみたい。

大阪沖縄線は、昭和10年(1935)には以前から就航していた正吉丸と久吉丸に加え昭和丸と宮古丸を増配して4隻で毎月7航海を運航したが、昭

99　神田外茂夫編『大阪商船株式会社五十年史』398頁。

100　神田外茂夫編『大阪商船株式会社五十年史』434頁。

101　岡田俊雄編『大阪商船株式會社八十年史』大阪商船三井船舶株式会社、1966年5月、全867頁。

102　岡田俊雄編『大阪商船株式會社八十年史』272-274頁。

和12年（1937）9月に正吉丸、昭和14年（1939）には宮古丸が、昭和15年（1940）昭和丸が撤退したことで、昭和41年（1941）6月以降は休航となった。この航路では阪神から沖縄への往航には塩・木材・九州炭・セメントが積載され、復航には沖縄の黒糖や分蜜糖が主要な貨物であった。[103]

大阪那覇線は、大正15年（1926）4月に逓信省の命令航路として開設され、毎月5回の航海を行い、臺北丸と大球丸の2隻により神戸・名瀬に寄港した。昭和3年（1928）6月から臺南丸と臺中丸を使用し、昭和12年（1937）1月からは波上丸が、同年3月には浮島丸が就航した。両船の就航により航海日数が短縮され毎月5回の定期運航が可能となった。しかし日中戦争により、昭和12年8月に波上丸が、昭和16年（1941）9月には浮島丸が軍に徵用さえることになり、代船として開城丸・湖南丸・湖北丸・嘉義丸が適宜配船されていたが、大阪那覇線は昭和17年（1942）5月に船舶運営会に移管された。[104]

鹿児島那覇線は、大正5年（1916）4月に逓信省の命令航路として運航され、昭和7年（1932）5月から首里丸・開城丸の2隻が毎月9航海を行い、名瀬に寄港していた。昭和15年（1940）以降は、さらに琉球丸と厦門丸の2隻を加えて4隻によって運航され、鹿児島から沖縄への往航には木材と食料品や雑貨が、沖縄から鹿児島への復航には砂糖が主たる積載貨物となっていた。この航路も昭和17年（1942）5月に船舶運営会に移管された。[105]

那覇基隆線は、明治38年（1905）6月に大阪から沖縄に寄港する基隆線を開始し、大正6年（1917）11月に鹿児島基隆線となり、大正8年（1919）11月鹿児島延航を廃止して那覇止めとして、那覇基隆線として改称され、毎週1回の航海により宮古・八重山・西表に寄港した。昭和6年（1931）8月からは湖北丸と湖南丸の2隻を配船した。昭和15年には、両船により貨物2

103　岡田俊雄編『大阪商船株式會社八十年史』272頁。

104　岡田俊雄編『大阪商船株式會社八十年史』272–273頁。

105　岡田俊雄編『大阪商船株式會社八十年史』273頁。

万噸、船客6万人を輸送している。この航路も昭和17年(1942)5月に船舶運営会に移管された。[106]

年代不明の大阪商船の「年末・年始の定期表」がある。そこに「大阪那覇航路」表があり湖南丸と浮島丸の運航表が知られる。湖南丸は大正4年(1915)9月23日に大阪鉄工所で製造された総トン数2,664噸の貨客船[107]であり、浮島丸は昭和12年(1937)3月15日に三井物産玉造造船所で建造された4,730総トンの貨客船[108]である。このことからこの運航表は昭和12年以降のものと考えられる。

大阪那覇航路

	大阪發	神戸發	名瀬着	那覇着	那覇發	名瀬發	神戸着	大阪着
湖南丸	十二月三十日	卅一日	一月二日	三日	五日	六日	八日	九日
	後二、三〇	正午發	後四、〇〇	前八、二〇	後四、〇〇	前一一、〇〇	前九、三〇	後〇、一〇
浮島丸	十二月廿四日	廿五日	廿七日	廿七日	卅日	卅日	元旦	元旦
	一月六日	七日	九日	九日	一二日	一二日	一四日	一四日
	後二、三〇	前一〇、〇〇	前一、〇〇	後二、〇〇	前九、〇〇	後一一、〇〇	前一一、〇〇	後五、〇〇

大阪商船「大阪那覇航路」

12月24日に浮島丸が大阪を午後2時30分に就航し、神戸からは12月25日の午前10時、名瀬には12月27日の午前1時に到着し、那覇には27日の午後2時に到着した、そして3日間の那覇での停泊を経て、30日の午前9時に出港し、同日午後11時に名瀬を出港し、1月1日の午前11時に神戸着、同日午後5時に大阪に到着すると言う往復9日間の航海を運航していったことがわかる。

これに対して湖南丸は浮島丸より小型で速力も劣っていたためか、往復に11日間、浮島丸より2日間多くの時間を要している。

ここで昭和3年(1928)から昭和16年(1941)までの毎年の1月1日付の『大阪朝日新聞』の汽船出港広告に掲載された大阪、神戸から沖縄行きの広告を掲げてみたい。

106　岡田俊雄編『大阪商船株式會社八十年史』273頁。
107　岡田俊雄編『大阪商船株式會社八十年史』721頁。
108　岡田俊雄編『大阪商船株式會社八十年史』725頁。

1928-1940年大阪商船会社大阪沖縄毎1月航路表

『大阪朝日新聞』第16564号、昭和3年1月1日、16頁

沖縄直行　臺北丸　大阪6日午後6時　神戸翌前10時、名瀬経由

沖縄行　　大球丸　大阪12日午後2時、神戸同午後7時　名瀬、那覇、先島

『大阪朝日新聞』第16927号、昭和4年1月1日、20頁

沖縄直行　湖南丸　大阪6日午後2時　神戸翌前11時、名瀬経由

沖縄行　　正吉丸　大阪10日午後2時、神戸同午後7時　高松、多喜濱、油津、名瀬、那覇

『大阪朝日新聞』第17289号、昭和5年1月1日、16頁

沖縄直行　臺中丸　大阪6日午後2時　神戸翌前11時、名瀬経由

沖縄行　　正吉丸　大阪10日午後2時、神戸同午後7時　油津、名瀬、那覇

『大阪朝日新聞』第17651号、昭和6年1月1日、16頁

沖縄直行　臺中丸　大阪6日午後2時　神戸翌正午、名瀬経由

大島各島経由那覇行　　久吉丸　大阪4日午後2時、神戸同午後7時

この年の9月に刊行されたのが資料編(2)掲載の「鹿児島沖縄航路案内」である。

大阪商船会社の昭和6年(1931)9月の「営業記録」による大阪那覇線と鹿児島那覇線、大島各島線の運行状況は右図の通りであった。

大阪那覇線は毎月の6日、12日、18日、24日、30日の5回の運航があり、大阪を午後2時に出港すると神戸に寄港し、2日目の正午に神戸港を出港して、3日目は瀬戸内を航行して、4日目の午後2時に名瀬に寄港して、5日目の午前8時半に那覇に到着した。汽船は3,500噸級の臺中丸、臺南丸が就航していた。

『大阪朝日新聞』第18013号、昭和7年(1932)1月1日、16頁

沖縄直行　臺南丸　大阪6日午後2時　神戸翌正午、名瀬経由
糸崎油津福島名瀬沖永良部島那覇行　　正吉丸　大阪3日午後2時、
　　　　　　　　　　　　　　　　　　神戸同午後7時

昭和7年(1932)12月の大阪商船会社の「沖縄航路案内」によれば、沖縄航路の運航状況が掲載されている。それを次に記してみたい。

大阪那覇線　　政府の命令航路で、毎月5回、6日、12日、18日、24日、30日(2月は6日、12日、18日、23日、28日)大阪及び那覇の兩地から出帆致します。大阪を午後2時、神戸を翌日正午に出帆して、中1日を海上に過し、3日目午後2時大島の名瀬着、其翌午前8時30分沖縄の那覇港に到着する。本州沖縄間の最捷路であります。使用船は、3,200噸の大客船、臺中丸、臺南丸の2隻で、客室は現代的に完備し、1、2等は洋風室、3等は廣濶な畳敷となつて居ります。尚本船は、無線電信及び電話の設備がありますので、航海中自由に陸上と通信、通話が出来、船醫も乗船して居ります。

大阪沖縄線　　毎月客船約2回、貨物戦約3回、客船は、大阪神戸を出帆、鹿児島、大島各港を經て、那覇に至る航路で、阪神より大島行旅客のために御便宜であります。また貨物戦は荷客の都合により往航、高松、坂出、多喜濱、新居濱、波止濱、糸崎、門司、油津、福島、鹿児島に寄港し、宮古、八重山に延航し、復航、名護、古仁屋、宇和島、八幡濱、門司に寄港し、又名古屋、横濱、東京、北海道にまで延航することもあります。

鹿児島那覇線　政府の命令航路で、毎月1日、5日、8日、11日、15日、18日、21日、25日及28日の9回(2月は28日兩地發なし)、鹿児島、那覇兩地から出帆、鹿児島午後5時發、翌日午後名瀬着、3日目午前那覇に着きます。使用船は1,900噸の新造客船首里丸及び開城丸の2隻で、船室の完備せるは申すまでもなく、兩船共無線電信を設備して居ります。

大島各島線　日高丸、奄美丸を以て毎月8回、鹿児島を出帆し、喜界島、大島の名瀬、古仁屋及び徳之島、沖永良部島、與論島の大島各島間を往復する定期航路であります。

大島十島線　毎月1回、鹿児島發、硫黄島、ロノ島、中ノ島、臥蛇島、平島、諏訪瀬島、悪石島、寶島、名瀬間を往復する命令航路であります。

大島十島（四ヶ島）線　毎月1回、鹿児島發、ロノ島、中ノ島、寶島、名瀬を往復する命令航路であります。

那覇基隆線　毎週1回、那覇發、宮古、八重山、西表、基隆間を往復する臺灣沖縄間唯一の命令航路であります。使用船は2,500頓の湖北丸と湖南丸の2隻で、無線電信を設備せる優良客船であります。[109]

とあるように、上記に掲げた出港広告や後述する出港案内もごく一部の案内広告であることが知られよう。しかしこれら短い出港案内もこの「沖縄航路案内」を知る上で、貴重な記録と言えるであろう。ついで昭和8年（1933）以降の出港広告についても掲げたい。

『大阪朝日新聞』第18376号、昭和8年1月1日、16頁

沖縄直行　臺南丸　大阪6日午後2時　神戸翌正午、名瀬経由

大阪商船会社の昭和8年8月の「営業記録」（右図）による大阪那覇線と鹿児島那覇線の運行状況は右図の通りであった。

大阪那覇線は毎月5回の運航があり、大阪を午後2時に出港すると神戸に寄港し、2日目の正午に神戸港を出港して、3日目は瀬戸内を航行して、4日目の午後2時に名瀬に寄港して、5日目の午前8時半に那覇に到着した。汽船は3,500噸級の臺中丸、臺南丸が就航していた。

『大阪朝日新聞』第18738号、昭和9年（1934）1月1日、16頁

沖縄直行　臺南丸　大阪6日午後2時　神戸翌正午、名瀬経由

大島各島那覇行　　宮古丸　大阪4日午後1時、神戸同午後5時

109　大阪商船株式會社『沖縄航路案内』1932年12月、裏面。

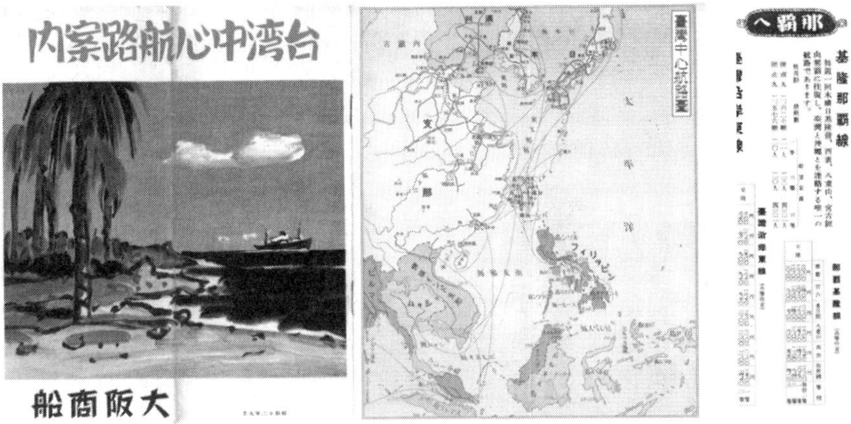

大阪商船「台湾航路案内」

『大阪朝日新聞』第19000号、昭和10年(1935)1月1日、24頁

沖縄直行　臺中丸　大阪6日午後2時　神戸翌正午、名瀬経由

切符發賣築港出張所乗場第三突堤

麑島大島各島那覇行　　宮古丸　大阪4日午後1時、神戸午後5時

『大阪朝日新聞』第19462号、昭和11年(1936)1月1日、2頁

沖縄直行　臺南丸　大阪6日午後2時　神戸翌正午、名瀬経由

大島各島那覇行　　宮古丸　大阪4日午後1時、神戸同午後5時

『大阪朝日新聞』第19825号、昭和12年(1937)1月1日、3頁

沖縄直行　波上丸　大阪6日午後2時　神戸翌正午、名瀬経由

大島各島那覇行　　久吉丸　大阪4日午後1時、神戸同午後5時

大阪商船会社の昭和12年9月の「台湾中心航路案内」(資料編(6)参考)には「那覇へ」として「基隆那覇線」の案内が見られる。毎週1回、木曜日に台湾の基隆を出港して、西表、八重山、宮古を経由して那覇へと、この航路航行する台湾と沖縄を結んだ唯一の運航であった。この航路に就航していたのは、2,627噸の湖南丸、2,576噸の湖北丸で両船ともに470名ほどを乗船出来た。

『大阪朝日新聞』第20187号、昭和13年(1938)1月1日、7頁

沖縄直行　浮島丸　大阪6日午後2時半　神戸翌午前10時、名瀬経由

大島各島那覇行　　宮古丸　大阪2日午後1時、神戸午後5時

鹿児島發名瀬那覇行　嘉義丸　2日　　開城丸　5日　午後5時半

『大阪朝日新聞』第20549号、昭和14年(1939)1月1日、2頁

沖縄直行　浮島丸　大阪6日午後2時半　神戸翌午前10時、名瀬経由

鹿児島發名瀬那覇行　開城丸　2日　　嘉義丸　5日　午後5時半

『大阪朝日新聞』第20911号、昭和15年(1940)1月1日、3頁

沖縄直行　浮島丸　大阪6日午後2時半　神戸翌午前10時、名瀬経由

大島各島那覇行　　昭和丸　大阪2日午後1時、神戸午後5時

鹿児島發名瀬那覇行　宮古丸　2日　　開城丸　5日　午後5時半

『大阪朝日新聞』第21274号、昭和16年(1941)1月1日、8頁

沖縄直行　浮島丸　大阪6日午後2時半　神戸翌午前10時、名瀬経由

鹿児島發名瀬那覇行　開城丸　2日　　宮古丸　5日　午後5時半

この出港広告から大阪商船は、定期航路として沖縄線を毎週3隻の汽船により運航していたことが知られる。

昭和28年(1953)11月以降は、大阪商船会社はつぎの3隻を配船して沖縄航路を運航している。

白龍丸　京浜・大阪・門司・名瀬・那覇・名瀬・京浜

白雲丸　阪神・鹿児島・名瀬・那覇・名瀬・鹿児島・阪神

若草丸　鹿児島・名瀬・那覇・名瀬・鹿児島

この内、若草丸は昭和30年(1955)12月に撤退し、昭和32年(1957)7月には白雲丸が転配されたため、昭和33年(1958)度から白雲丸1隻で毎月3回の定期運航を行い、阪神・鹿児島・名瀬・那覇・大阪を定期寄港地とした。そして昭和35年(1960)年3月から新造船の弥栄丸が就航し、毎月平均3航海の定期運航を阪神那覇間で行っている。昭和37年(1962)10月から民星丸が京浜那覇線に就航し毎月2回の定期運航を行っていた。昭和39年(1964)

3月末時点の沖縄線の就航船は弥栄丸と民星丸であり、主要寄港地は東京・横濱・大阪・神戸・那覇であった。[110] ちなみに大阪商船会社は昭和38年(1963)12月19日に三井船舶と合併し、昭和39年4月1日に大阪商船三井船舶株式会社(Mitui O. S. K. Lines, Ltd.)が誕生した。[111]

日本郵船会社は、昭和27年(1952)10月以降、貨客船千歳丸(2,668総噸)をもちいて、横浜から名古屋、大阪、神戸、門司、長崎、鹿児島、名瀬を経て那覇に行き、東京に歸着する航路に就航し、昭和29年(1954)夏からは寄港地を整理して航海日数を短縮し、毎月2回の定期運航を行い、昭和30年(1955)当時は東京、横浜、名古屋、大阪、神戸、長崎、那覇、名瀬、東京を寄港地として運航していた。昭和28-30年では毎年14-19航海を行っていた。[112]

第二次世界大戦後の昭和24年(1949)11月25日に琉球海運設立準備委員会が発足し、沖縄県民を中心とする株式募集に取りかかった。[113]

そして米軍政府と委託契約を締結した琉球海運株式会社は昭和25年(1950)3月1日より、ＬＳＴなど軍用船9隻による委託運航を開始した。[114] 琉球海運株式会社はガリオア資金150万ドルにより自社船を購入している。土佐商船の土州丸総トン数1,569噸の貨物船を琉球丸と命名し、栃木汽船から購入した長崎丸834噸の貨客船を美島丸、神港商船の貨物船神港丸総トン数779噸を白銀丸、そして旧船名綾川丸総トン数333噸の貨客船を若葉丸と下関の三菱造船で建造した総トン数669噸の油槽船新琉丸の5隻であ

110　岡田俊雄編『大阪商船株式會社八十年史』274頁。

111　『創業百年史』大阪商船三井船舶株式会社、1985年7月、553-557頁

112　日本郵船株式会社編『七十年史』日本郵船株式会社、1956年7月、526-527頁。

113　(株)アドバイザー編『琉球海運株式会社四十史』琉球海運株式会社、1992年5月、91-93頁。

114　(株)アドバイザー編『琉球海運株式会社四十史』103頁。

る。[115]

昭和26年(1951)2月には貨客船美島丸が那覇・名瀬・鹿児島間の旅客定期航路に就航している。[116]

同年4月には大阪商船、三井船舶、日本海汽船、山下汽船、中川海運の5社による「沖縄航路運賃同盟」が結成され、まもなく中川海運にかわり関西汽船[117]が加わり、「戦後の復興途上にある沖縄の産業経済をはじめ、あらゆる分野に海上運賃の一方的な設定が与える影響を危惧する」[118]とする沖縄側の反響が指摘された。

昭和28年(1953)11月に琉球海運株式会社は、尾道造船所に総トン数1,096噸、船客定員305名、1,200馬力の新船を発注し、完成した新船は那覇丸と命名され、那覇と鹿児島の間を一昼夜24時間で航行し注目された。[119]

その後、琉球海運株式会社は、昭和34年(1959)までに5隻の新造船を就航させている。先の那覇丸についで、昭和31年(1956)4月に就航したのは貨客船沖縄丸、1,631噸、旅客定員302名、昭和32年(1957)8月就航の貨物船首里丸、1,604噸、1957年9月就航の球陽丸、5,266噸、昭和34年6月就航の貨客船宮古丸、1,008噸、旅客定員297名である。[120]

このうち球陽丸は昭和35年(1960)6月1日に那覇を出港し尾道、横浜に寄港して、6月12日に横浜港を出港し太平洋を横断した。6月28日にロサンジェルス、7月5日にサンフランシスコを訪問している。[121]

琉球海運株式会社は、1960年代になると2,000-3,000噸級の貨客船を新

115 (株)アドバイザー編『琉球海運株式会社四十史』105頁。
116 (株)アドバイザー編『琉球海運株式会社四十史』120頁。
117 (株)アドバイザー編『琉球海運株式会社四十史』122-123頁。
118 (株)アドバイザー編『琉球海運株式会社四十史』123頁。
119 (株)アドバイザー編『琉球海運株式会社四十史』128頁。
120 (株)アドバイザー編『琉球海運株式会社四十史』133頁。
121 (株)アドバイザー編『琉球海運株式会社四十史』137-139頁。

造している。昭和38年(1963)7月に就航したひめゆり丸、総トン数2,598噸、旅客定員555名、昭和41年(1966)7月就航のおとひめ丸総トン数2,990噸、旅客定員807名、昭和44年(1969)7月就航のとうきょう丸、総トン数3,502噸、旅客定員1,028名である。[122] とりわけとうきょう丸は那覇と東京間を45時間で渡航したのであった。[123]

沖縄の本土復帰直後から沖縄海洋博が開催された昭和50年(1975)ころまでの本土と沖縄間の旅客輸送は増加した時期であり、琉球海運株式会社は、昭和45年(1970)、昭和46年(1971)は17万人台、昭和47年(1972)、昭和48年(1973)は16万人台、74年、昭和50年は14万人台との輸送実績を残している。[124]

しかし1960年代後半から新たな競争相手として航空機の沖縄への乗り入れが恒常化してくると大きな打撃を受けることになったのであった。

琉球海運株式会社の旅客輸送の繁栄期の一端が右の1968年7-9月間の出港時刻表(資料編(9))といえるかも知れない。

4　小結

沖縄における汽船の登場の最初は、公的な輸送業務から始まり、特に日本本土との郵便物の輸送に関するものが最初であった。その後、沖縄航路への汽船数が増加するが、永らく不定期な運航が続いていた。明治20年

122　(株)アドバイザー編『琉球海運株式会社四十史』163頁。
123　(株)アドバイザー編『琉球海運株式会社四十史』171頁。
124　(株)アドバイザー編『琉球海運株式会社四十史』174-175頁

(1887)代になって、本州と沖縄を結ぶ海船が毎月1-2回であった。不定期ではあったが、定期的な運航に定着しつつあった。

その後、沖縄や鹿児島においても汽船会社が設立され、汽船運航が頻発化し、さらに大汽船会社である大阪商船会社が沖縄航路に参入してくると、沖縄の広運会社や鹿児島郵船会社との間で激烈な運賃競争が展開し、各社経営上の問題から協定を結んで運航する方向となり、最終的には大阪商船会社による沖縄航路の寡占となる。しかし寡占による不便、不利益が絶えず沖縄県民から指摘される状況が続いたのであった。沖縄県民から国営航路の運航と言う悲願も届かず、昭和20年(1945)の敗戦を迎えるのであった。

アメリカ軍の統治時期に、琉球海運会社が設立され、沖縄の汽船海運の新時代を迎えた。とりわけ1970年代は琉球海運会社の繁忙時期で、1970年、71年は17万人台、72年、73年は16万人台、74年、75年は14万人台との輸送実績を残したのであった。

しかし、1960年代以降は航空機の時代に推移しつつあり、客船輸送の衰退は否めない時代となったのである。

第二章　琉球諸島海域の汽船航運の諸相

1　緒言

第一章では、沖縄と日本の本州、九州を結ぶ航路を中心に述べたが、琉球諸島の沖縄諸島と先島諸島における汽船航運の状況はどのようであったかを、当時の新聞記事から見てみることにする。ここで参照したのは、琉球政府編『沖縄縣史』第16、17巻資料編6、7新聞集成（政治経済1,2）[125]『石垣市史』新聞集成Ⅰ～Ⅳ[126]である。

2　明治・大正期の琉球諸島海域の汽船航運

明治31年（1898）5月15日付の『琉球新報』の「山原船の先島行」によれば、

> 例年旧4月頃に至れば、牛馬搭載の爲め山原船の先島へいくもの数10艘に及び居るが、本年も2、3日前の西風には20艘位先島へ向け出港せり。[127]

19世紀末の沖縄においてもシナ式ジャンクで伝統的な帆船である山原船[128]が民間の航運に利用されていた事情を象徴している記事である。

そのような時期に、沖縄近海の汽船事情が変化してくる。『琉球新報』

125　琉球政府編『沖縄縣史　第16巻　資料編6』琉球政府、1967年5月。
　　琉球政府編『沖縄縣史　第17巻　資料編7』琉球政府、1968年4月。

126　石垣市役所編集『石垣市史 資料編近代4 新聞集成Ⅰ』1983年3月。
　　石垣市役所編集『石垣市史 資料編近代5 新聞集成Ⅱ』1986年3月。
　　石垣市役所編集『石垣市史 資料編近代6 新聞集成Ⅲ』1990年3月。
　　石垣市役所編集『石垣市史 資料編近代7 新聞集成Ⅳ』1991年8月。

127　石垣市役所編集『石垣市史 資料編近代4 新聞集成Ⅰ』56頁。

128　金城功「山原船」、沖縄県教育委員会編『沖縄縣史 別巻 沖縄近代史辞典』沖縄県教育委員会、1977年3月、550-551頁。

明治31年(1898)8月11日付の「商船会社の台湾航路改正」によれば、

> ･･･一、沖縄経過の打狗線之れは2回に分ち1回は神戸･門司･三角･沖縄･台湾･八重山･澎湖島･安平･打狗にして、1回は神戸、鹿児島、八重山、基隆、澎湖島、安平、打狗等なるか此航路は是まて八重山寄港1回なりしも、今や同地の拓殖事業は大いに進歩し、1回にしては不便を感ずるゆへ往復4回寄港せしめ尚臨時に大島へも寄港せしむることとせり。[129]

大阪商船会社の神戸発台湾行の汽船が沖縄すなわち那覇や八重山にも寄港して台湾との交通を結ぶこととなったのである。

しかし大阪商船会社の沖縄の顧客に対する不親切が報じられている『琉球新報』明治32年(1899)11月11日の「大阪商船会社の不法」として、那覇の商人が八重山に送達しようとした商品が、忘却され「空しく倉庫の中に積込みて」と、商品販売の機会を逸したことが報じられた。[130]

このころ沖縄開運株式会社は汽船を購入し、那覇と宮古島、八重山の間で汽船運航を企図していた。『琉球新報』明治33年(1900)4月17日付の「汽船購求と運賃割引」に、

> 沖縄開運株式会社に於ては此程、仁寿丸といふ噸数260噸、速力12浬の汽船を購求し、来る20日より那覇港及び宮古・八重山間の初航海をなすとの事なるか、今後は荷主及ひ乗客に一方なるぬ利便を与ふる筈なり。又這回国頭郡今帰仁間切に於て砂糖審査会及教育品展覧会に就ては該会社の運輸丸は5月1日より同20日まで右開期中は那覇･名護･今帰仁間の乗客には2割の割引をなす由に聞きぬ。[131]

沖縄開運株式会社は新たに仁寿丸と言う260噸、速力12浬の汽船を購入して、那覇と宮古・八重山の先島諸島への航運事業を開始しようとしてい

129　石垣市役所編集『石垣市史　資料編近代4　新聞集成Ⅰ』61頁。
130　石垣市役所編集『石垣市史　資料編近代4　新聞集成Ⅰ』92頁。
131　石垣市役所編集『石垣市史　資料編近代4　新聞集成Ⅰ』101頁。

た。すでに運輸丸を使って沖縄本島の汽船航運は開始していた。

また那覇汽船株式会社も同様な航路の航運を企図していた。『琉球新報』明治38年(1905)7月27日付の「那覇汽船株式会社の購入汽船」によると、大阪で第二平安丸、総トン数456噸、速力10浬の新汽船を購入し、明治38年8月以降より、

専ら那覇、宮古、八重山間及各離島間の航海業を開始する由。[132]

と、那覇と先島諸島や離島との航海事業を企画していたのであった。

このような沖縄の航運事業に関して日本政府の航海補助費はどれほどであったかについて『琉球新報』明治39年(1906)2月5日付の「本県の国庫補助」として、

両先島離島航海補助費両島航海補助費9,000円、各離島航海補助費5,400円、之は明治39年度以降、3箇年間毎年補助するものなり。[133]

とある。明治39年度の航海補助費に関して『東京朝日新聞』第6807号、明治38年7月9日付の「明年度の航海補助費」の記事において「本年度同様依然約二百萬圓と決定せらる可き模様なり[134]」と記している。このことから見て、沖縄の先島離島間の航海補助費は、日本全体の0.45%、0.27%であり両者を合算しても0.72%と1%にも達しない額であった。

沖縄海域の物流にも汽船が利用され始める。『琉球新報』明治39年7月25日の「平安丸の貨物輸入」によると、

一昨日の平安丸便にて与那国米1,911俵、八重山米81俵、宮古島より黒糖117俵、粟554俵、小麦9俵、胡麻24俵、青豆19俵を輸入せり。[135]

平安丸によって、明治39年7月26日に与那国米1,911俵、八重山米81俵、宮古島より黒糖117俵、粟554俵、小麦9俵、胡麻24俵、青豆19俵が那覇

132　石垣市役所編集『石垣市史　資料編近代4　新聞集成Ⅰ』251頁。
133　石垣市役所編集『石垣市史　資料編近代4　新聞集成Ⅰ』276頁。
134　『東京朝日新聞』第6807号、明治38年7月9日、3頁。
135　石垣市役所編集『石垣市史　資料編近代4　新聞集成Ⅰ』286頁。

にもたらされた。これまではこのような物流を担っていたのは琉球の帆船であった。[136]それが沖縄海域への汽船の登場によって大きな変化が見られるようになったのである。ところで平安丸であるが、大阪商船会社が開業時の明治17年(1884)に所有していた明治14年(1881)12月製造の木造汽船で登簿噸数298.06噸、公称馬力が16馬力の船であったが[137]、明治23年(1890)9月に笠原六三郎に売却されている。[138]

さらに『琉球新報』明治39年(1906)10月19日付の「貨物輸送」によれば、

17日出港の球陽丸にて袋米20俵、大豆20俵、泡盛295本、素麺58箱、石油12箱、種子油3箱、米利堅粉15俵、白糖2袋、醤油2樽、茶5箱、葡萄酒10打、ビール4打、昆布5栟、塩10俵、金庫3箇、糠12俵、千切大根4栟、七分板205間、四分板40間、瓦二栟500万枚、甘藷40俵を宮古へ、白米15俵、泡盛51本、大豆17俵、茶1箱、金庫2箇、葡萄酒8打、醤油5樽、昆布1栟、畳50枚、甘藷2俵を八重山に輸送せり。[139]

那覇から宮古島や八重山へ多くの食料や泡盛、建築資材などを積載した球陽丸が明治39年10月17日に出港している。明治29年(1896)2月27日の「汽船表の件(沖縄県)」によれば、

登簿噸数100噸以上汽船表

船名　球陽丸　船主　琉球国首里桃原村七拾四番地士族当時那覇泉崎村十五番地寄留東風平安信　免状番号　1049号　一昼夜ノ費炭　15,000斤　一昼夜ノ油費　108合　一昼夜ノ脂費　2斤　全速力　10哩　尋常速力　8哩[140]

とあるように、首里の東風平安信の所有する汽船であった。

136　岑玲『清代中国漂着琉球民間船の研究』榕樹書林、2015年3月14-20頁。

137　神田外茂夫編輯『大阪商船株式會社五十年史』大阪商船株式會社、1934年6月、360頁。

138　神田外茂夫編輯『大阪商船株式會社五十年史』373頁。

139　石垣市役所編集『石垣市史　資料編近代4　新聞集成Ⅰ』287頁。

140　アジア歴史資料センター、レファレンスコード：C10125996400による。

明治39年(1906)当時、先島航路の運賃問題が新聞紙上を賑わかしている。『琉球新報』明治39年11月30日付の「先島航路運賃の引上けに就き」には、

> 大阪商船、廣運会社、沖縄開運、那覇汽船、沖縄商船株式会社は別項の如く本月10日より先島航路に於ける旅客及貨物運賃の値上を実行しつつあり。[141]・・・

この当時、大阪商船、広運会社、沖縄開運、那覇汽船、沖縄商船の5社が那覇からの先島航路を運航していた。

ついで、『琉球新報』同日の「先島航路運賃の引上」には、

> 大阪商船、那覇汽船、広運株式、沖縄開運、沖縄商船の五社同盟を結び、此度先島航路に於ける荷客運賃の引き上げを行ひたり、改正運賃は船客は1等2等3等を通じて50銭高とし貨物は旧運賃より1割高となれり。引上げの理由とする所は戦後の経済界として経費の多端なる今日なれば自然汽船賃金も上騰するに非ざれば収支相償はざるのみならず、一方鹿児島、神戸、大阪方面に於ける航路運賃も復旧したれば之等の事状よりして勢ひ先島航路の運賃も上騰せざるの止むを得ざるが爲なりと。[142]・・・

日露戦争後の経済事情により、沖縄と鹿児島、神戸、大阪を結ぶ汽船航路の運賃率と合致するようにとの理由で先島航路の運賃の値上げが、この航路を運航する5社の協定によって値上げが実行されようとしていたのである。

そして『琉球新報』明治39年12月1日付の「先島航路運賃と五会社」には、大阪商船株式会社、沖縄開運会社、沖縄商船会社と広運・那覇汽船会社は連名で、5社各社の運賃値上げ理由を掲げている。[143]

『沖縄毎日新聞』明治42年(1909)5月2日付の「名護の商業と運送交通(下)」に、

141　石垣市役所編集『石垣市史　資料編近代4　新聞集成Ⅰ』288-289頁。

142　石垣市役所編集『石垣市史　資料編近代4　新聞集成Ⅰ』289頁。

143　石垣市役所編集『石垣市史　資料編近代4　新聞集成Ⅰ』289-290頁。

名護と那覇の間32浬は海城丸(287噸)、辰島丸(150噸)及び運輸丸(約80噸)の3汽船が殆ど毎日往来し、本部村の渡久地(2浬)今帰仁村の運天(23浬)等に回航して乗客及び貨物を運搬しつつあるを以て海上の輸送交通は稍々便利なり。其の間に於ける貨物の重なるは輸出に於ては砂糖、泥藍、芭蕉実、木炭、阿旦葉帽原料、煙草等にして、[144]・・・

とあるように、80-200噸級の汽船3隻が毎日のように、名護と那覇との間を航行していた。

『沖縄毎日新聞』大正3年(1914)10月9日付の「鹿児島沖縄間船客人員」において鹿児島と沖縄との船客人員数を掲載している。[145]それをもとに整理すれば次の表のようになる。

表5　鹿児島沖縄間船客人員

鹿児島から沖縄へ		沖縄から鹿児島へ	
那覇	4, 254人	那覇	4, 253人
宮古	123人	宮古	109人
八重山	59人	八重山	114人
計	4,　435人		4, 476人

1913年当時、1年間に4, 000余人の人々が鹿児島から沖縄へ、また沖縄から鹿児島へ汽船によって移動していたのであった。

日本政府は先島離島航路の補助金を増額することにした。『琉球新報』大正4年(1915)4月10日付の「先島離島航路改正」によれば、

先島及び各離島航路補助費は本年度より増額するの趣は既報の通りにて従来の先島航路の補助費9, 000円を18, 000円に、離島補助費5, 400円を6, 000円に増額し、而して各汽船の回航数も左記の如く増加し、本月より実行すべしと。

144　琉球政府編『沖縄縣史　第17巻　資料編7　新聞集成(政治経済2)』琉球政府、1968年4月、40頁。

145　石垣市役所編集『石垣市史　資料編近代4　新聞集成Ⅰ』602頁。

各離島線　名護・久米島・慶良間島・粟国・渡名喜・伊江・伊平屋

各毎月2回以上、1箇年24回以上

先島線　宮古・石垣・西表各島、2箇月3回以上、1年18回以上

多良間島年6回以上　与那国島年4回以上　南大東・ラサ島年1回以上。[146]

とあるように、先島航路の補助金が2倍に、離島航路の補助金が、1.1倍に増額されたのであった。

『沖縄毎日新聞』明治45年(1912)1月1日付の「県下海運界の革命時代(上)」によれば、汽船の運航事情が知られる。

・・・従来此の沖縄海運案は、大阪商船株式会社と鹿児島郵船株式会社と及ひ広運株式会社の3社か同盟航路として大阪商船会社2隻(外に台湾航路2隻、之れも沖縄大阪間は同盟船と見做し取り扱いつつあり)鹿児島郵船会社2隻、廣運会社1隻(其の配分は之を省略す)にして、同一規定の下に各自営業し来りしも、41年より廣運会社か都合□、同社所属汽船広運丸を大阪商船株式会社へ3ヶ年間契約し、廣運会社の権利を収得して貸船し、昨年8月を以て契約満期返還し、依りて更らに契約方法を変更して継続せんとせしを双方の意見は遂に纏まらさりきより纏まらすすと、[147]・・・(□：不明文字)

大阪商船株式会社と鹿児島郵船株式会社そして広運株式会社の3社による同盟航路が運航されていたが、大阪商船と広運会社の間の契約更新の問題が拗れていた。

『琉球新報』大正3年(1914)7月19日付の「本県定期航路問題」として浅井那覇局長の談話が掲載されている。

現今内地沖縄間唯一の交通機関たる汽船便は、大阪商船、鹿児島郵船

146　石垣市役所編集『石垣市史　資料編近代4　新聞集成Ⅰ』621-622頁。

147　琉球政府編『沖縄縣史　第17巻　資料編7　新聞集成(政治経済2)』琉球政府、1968年4月、315頁。

及沖縄廣運の3会社約6艘の船で経営せられて居つて、1ヶ月平均10回即ち3日毎に1回宛の発着がある様に成つて居るが、之等は凡て不定期航路である爲、其出入共に一定しない。[148]・・・

大正3年(1914)当時、沖縄航路を運航していたのは大阪商船、鹿児島郵船そして沖縄広運の3社であった。この3社の6隻によって1ヶ月10回の不定期運航が行われていた。

このため様々な問題が生じていた、浅井局長の談話から、

・・・内地沖縄間の郵便物数は1日発着各3,000通位であるから9日間には27,000になる。此の内5日以上船待をさせられたもののみにても5日分即ち15,000通になる理で、仮に1人で2通宛を出したものとしても7,500人の通信が斯く空しく日子を費すのであつ、洵に其の影響する所は莫大なるものであると思ふ。[149]・・・

とあるように、汽船の出港、入港が不定であるため郵便物の遅配が生じ、沖縄民衆に大きな不便が生じていたのであった。

このような不便を解消するべく、大阪商船会社は新航路を開くことになる。『琉球新報』大正5年(1916)3月12日付の「大阪商船新航路　麑島線受命と沖縄方面統一」によれば、

大阪商船会社は今回内地沖縄台湾間に新に3線の定期航路を開始するに内定し、来る4月以後の本邦西南部近海に於ける海運界の面目を殆ど一新す可しと予想せしむるに至れり。[150]

とあるように、大阪商船会社は沖縄台湾航路に改善を加えることになった。それが、鹿児島命令線と横濱基隆線そして沖縄命令線である。[151] 鹿児島命令線は、鉄道院の命令航路として大島経由鹿児島、沖縄線であり、1,500、

148　琉球政府編『沖縄縣史　第17巻　資料編7　新聞集成(政治経済2)』、529頁。

149　同書、529頁。

150　同書、719頁。

151　同書、719-720頁。

1,600噸級の快速客船1隻を用いて1ヶ月5-6回の航海を行う。[152] 横浜基隆線は、自由定期航路として1,500、1,600噸級の小型貨物船2隻により、横浜を起点として勝浦、大阪、鹿児島、沖縄に寄港して基隆に至る航路を毎月2回の定期運航を行い、主に砂糖や木材の貨物輸送にあたることとした。[153] そして沖縄命令航路線は、沖縄広運会社を買収し、同社の航路権と所有船の廣運丸の譲渡を受け、大阪商船は鹿児島郵船会社と共同で大阪商船4隻、鹿児島郵船1隻、大阪から鹿児島を経由して那覇に至る定期運航を行うことになったのである。[154] この結果、沖縄の独自の汽船会社であった沖縄広運会社は解散することになる。[155]

大正5年(1916)5月から6月にかけての『琉球新報』には、定期航路に関する沖縄県民の不満に関する記事が掲載されている。

『琉球新報』大正5年5月2日の『定期船と移出貨物関係(一)』において、

> 定期船が開始されたに就ては県民が多くの期待を寄せて居たのは勿論なるが、中にも商人等が定期船によりて得る商取引上野便宜は幾何であろう。荷主は一般に商船会社の横暴を気遣ひながらも定期船の生まれたことを喜んで居た。所が理想と事実の合致は中々困難なものなり。斯く荷主より多くの期待で迎へられた定期船は、従来の不定期航路より不便を来し、商取引上却て不都合を見つつあると云ふことは矛盾の話だ。
>
> ▲定期船初航海のさる4月中は兎に角、商船会社が触込の通り、1、6の日に出て6回の航海をなしたが、5月に入りては狂ひ始めて、1、6が3、

152 琉球政府編『沖縄縣史　第17巻　資料編7　新聞集成(政治経済2)』、719頁。

153 同書、719-720頁。

154 同書、720頁。

155 『琉球新報』大正5年3月19日付の「海運と県民」、同紙大正5年3月23日付の「広運丸引渡修了」記事参照。琉球政府編『沖縄縣史　第17巻　資料編7　新聞集成(政治経済2)』琉球政府、1968年4月、720-721、721-722頁。

8に変更され、此の3、8の日も此中の2日の遅延で狂ひ出したから長ふは続くまい。定期船が狂ふのは不可抗力の天候の爲と云へば致し方ないが、此分では不定期航路が却て便利と云ふことになると一寸考へねばならない。定期船が月6回も通ふから船舶の出入はそれだけで頻繁になつて居る訳で船舶の出入数が多くなれば移出入貨物が停滞する筈がない様なものであるが、それは皮相の観察である。船の出入には船繰りの関係がある。無闇に船を余計に出入させても船繰りが悪いと何等の便利も与へない。殊に京城丸の如き定期船は荷主等が殆ど当にして居ないから昨年の4月より本年の4月が内地航路を取つた船が五艘程多いとしても、其の積載荷物の数は昨年も本年も相匹敵して居る。即ち昨年4月中、那覇港を出た船の回数は、能登2回、金沢2回、広運1回、二見1回、八重山2回、摂陽1回、宮古1回、沖縄2回、智多1回、平壌1回、第二小野1回、福州1回合計16回で、本年の4月は日米1回、摩耶山1回、金沢2回、南都2回、京城6回、薩摩1回、那覇1回、沖縄2回、白川1回、広運1回、宮古1回、八重山1回、温州1回合計21回である。然るに本年の4月中、白川丸は大島離島航海で砂糖を積まづ、京城丸は主に客を主とするので砂糖7,000挺の積載噸数に対し、右の挺数しか積まないのは時間の関係で荷物の揚げ下しに時間を費すと定期が狂ふと云ふ会社の理由がある。某大商店の如き鹿児島に搬出する砂糖4,000挺中、京城丸よりの割当によりて、260挺しか積まなかつたのである。荷主が定期船を有り難く思つて居ない理由の一だ。どうせ狂ひ勝ちの定期船だから荷主に満足を与へてウンと積だ方が山中さんの爲だと天下の定期船を馬鹿にして居る人も居る。[156]

大阪商船が定期航路を開設したが、定期的に日時を厳守しない状況に対する沖縄県民の不満が生じていた。さらに貨物の積載にも不都合が生じて、

156　石垣市役所編集『石垣市史　資料編近代4　新聞集成Ⅰ』646頁。

沖縄の砂糖商人の間でも不利益が生じるなどの問題があったのである。

さらに『琉球新報』は大正4年(1915)4月と大正5年(1916)4月の各一箇月の那覇港を出港した汽船名と回数を調査して掲載した。それによれば、大正4年4月は12隻で16回、大正5年4月は、13隻で21回の出港があったとある。この中で最大の回数は大正5年4月の京城丸の6回である。京城丸は、大阪商船会社の汽船で、明治35年(1902)9月に製造された鋼鉄船の貨客船で総噸数が1,207.85頓であった。[157]

大阪商船は、明治37年(1904)2月製造の鋼鉄貨客船福州丸総噸数1,473.31頓、明治37年10月製造の鋼鉄製貨客船、、総噸数1.202.58噸の温州丸、[158]明治36年1月製造の鋼鉄製貨客船、総噸数1,201.74噸の平壌丸、明治21年7(1888)月製造の鋼鉄製貨客船、総噸数937.88頓の二見丸[159]そして大正3年に新造した鋼鉄製貨客船の総噸数1,013.34の宮古丸、総噸数1,035.72噸の八重山丸、総噸数961.72噸の那覇丸[160]などの1,000頓級の鋼鉄製貨客船を沖縄航路に投入していた。しかし客運と貨運の両面からも沖縄の顧客を満足させるものでは無かった。

『琉球新報』の大阪商船会社への辛辣なる批判はさらに続く。『琉球新報』大正5年5月23日付の「定期船と補助」において次のように記している。

> 定期船の航海開始の当初にありては吾も人も随分便利を得べく期待されしが、此れと同時に商船会社の配船に大変更が行はれたる爲め、差引すれば、従来より格別便利なりとも思われざるのみか、寧ろ交通運輸の減退を来せるの観なき能はず。此の現象に対する県民の観察は蓋し3種あり。第一は広運会社の解散、鹿児島郵船会社の不振は自然商船会社の独占を誘致しさなきだに余り忠実ならざる同社は、最早競争

157　神田外茂夫編輯『大阪商船株式會社五十年史』405頁。
158　神田外茂夫編輯『大阪商船株式會社五十年史』405頁。
159　神田外茂夫編輯『大阪商船株式會社五十年史』406頁。
160　神田外茂夫編輯『大阪商船株式會社五十年史』409頁。

者なきに安心して本県の利害を顧みざるに至れりと爲すもの。第二は本県の輸出入貨物は多く阪神との関係なれば、荷捌の都合上、阪神直行が多くなり、爲に那覇・鹿児島に多少の影響を受くるは止を得ずと爲もの。第三には目下一般的に船腹不足の折柄なれば、本県に於ても此の影響を受くるは当然にして如何なる不便あるも暫く忍ばざるべからずと爲すもの是れなり。然して第一は商船会社に少なからぬ反感を抱き、第二は同情を持ち、第三は目下の大勢に照して大に寛仮したる観察にして大体より云へば、商船会社に対する感情に甚しき変化なきが如くなれども第一の観察が重に荷主側にあるより見れば、商船会社の仕打が何れにか荷主の反感を招くものあるは明かなり、船腹の増減に就ては吾人未た例年との比較を得ざれども郵便物の到着度数は近来僅かに減少の傾向あり。即ち大正3年より本年に至る3箇年間に於ける鹿児島発那覇着の度数を見るに左の如し。

	一月	二月	三月	四月	五月
三年	11回	8	15	14	13
四年	9	10	13	12	13
五年	10	11	11	12	10

五箇月間の総回数より云へば

大正三年	64回
大正四年	57回
大正五年	54回

（注：回数はアラビア数字に改めた）

にして年々逓減を示せること勿論なるが、定期航路開始則ち本年四月以後と其の以前との比較に於ても寧ろ減少の傾向を見るは吾人が実に遺憾とする所なり。此の状態より見れば政府の補助より生ずる利益としては定期発着の外、何物もなし。然も其の発着さへ屡次変更して定期と云ふ印象が早くも県民の頭より消滅せんとするに至れり。吾人は阪神直航船に対して商船会社が少しく注意せんことを希望す。[161]

沖縄県民にとって本州や九州、沖縄海域の島嶼部とを結ぶ船舶は必定の交通機関である。それが汽船の時代になり、新しい変化を期待されたが、さまざまな問題が生じていた。第一は広運会社が解散し、鹿児島郵船会社の経営不振によって大阪商船会社の運航に期待するしかなかった。それが大阪商船会社の航路の独占と言う事態を招く結果となり、沖縄県民にとって決して有利ではなかった。ついで第二の問題点は沖縄県が日本本土に移出する沖縄県産の貨物の多くが阪神地域へ搬出され、阪神直行が多くなり、このため那覇・鹿児島間の輸送等に影響を与えていた。第三としては、沖縄の航運を支えるための船腹が決定的に不足していたのであった。

さらに、『琉球新報』大正5年(1916)6月18日付では「不便なる定期船(二)」として「誠意なき大会社」、「先島航路の回数」、「商船会社が横暴」の項目を掲げ、大阪商船会社を批判している。

今試みに大商社が先島に取れる船繰りを見るに、去る5月中は台湾共進会が開かれて居たので沖縄台湾間の交通は非常に頻繁となつた爲、商船会社は出来得る丈の船を此□航路に廻した。5月中に於ける先島航路の船繰りは左の通りである。(□:不明文字)

宮古丸(2日発、11日入港)

温州丸(4日発、14日入港)

那覇丸(14日発、24日入港)

八重山丸(3日発、6月1日入港)

日米丸(23日発、29日入港)

但し、日米丸は発着とも那覇基隆間の直航であつた。実に5月中は右の如く先島航路は義務航路以上の度数を算へた。然るに6月に入りて未だ1回の先島便を見ざるは大商社が如何に利害関係に露骨な算盤を

161　石垣市役所編集『石垣市史　資料編近代4　新聞集成Ⅰ』647頁。

弾いて居るかが窺はれるではないか。[162]

『琉球新報』が指摘するように、大正5年（1916）5月には先島航路において大阪商船会社は、那覇基隆間の直航を除き、宮古丸、温州丸、日米丸3便の運航を見たが、6月において新聞記事が掲載された6月18日時点では、その運航が確認されないと言う、定期便と言えない状況に沖縄県民の怒りが吹き上げていた。

汽船の運航の不定期的運航は沖縄の郵便事情にも見られた。『琉球新報』大正5年6月20日付の「定期船問題に就き」では「郵便物が定期船開始前より少くなりしは事実なり[163]」と、汽船で運ばれる郵便物の郵送がかなり遅滞していたのである。翌日の『琉球新報』も郵便問題を取り上げている。「期待に反せる定期船（一）」において、

四月から定期航路が開かれると県民は非常に喜んだ。沖麑間3日の航路が2日に短縮され軈て地続きとなつて通つて杯しと御座ると云ふ琉球節も実現されそうだと。殊に鹿児島県人の多い那覇では善隣の誼か益々深くなるを喜び合て居た。所が今となつては空喜びであつた。航路短縮の予想が外れたのは未だしものこと、定期船の出来たるか爲に却て旧来の交通の便利を殺ぎ総ゆる県下の文物に損害を与へて居る事実に対しては決して看過すべき問題ではないと思ふ。[164]・・・

と記し、さらに「那覇郵便局では」、「私書函数は第一」の項目を掲げ、定期船による遅延が、郵便の遅延を指摘している。

これに関連する記事は、『琉球新報』大正5年6月23日付の「期待に反せる定期船（二）[165]」、同紙大正5年6月23日付の「期待に反せる定期船（三）[166]」、

162　石垣市役所編集『石垣市史　資料編近代4　新聞集成Ⅰ』649頁。
163　石垣市役所編集『石垣市史　資料編近代4　新聞集成Ⅰ』649-650頁。
164　石垣市役所編集『石垣市史　資料編近代4　新聞集成Ⅰ』650頁。
165　石垣市役所編集『石垣市史　資料編近代4　新聞集成Ⅰ』651頁。
166　石垣市役所編集『石垣市史　資料編近代4　新聞集成Ⅰ』651-652頁。

同紙大正5年(1916)6月24日付の「期待に反せる定期船(四)」[167]と掲載され、大阪商船会社の沖縄航路の定期運航の方法に批判が続いている。

そして『琉球新報』大正5年7月2日付の「航路改善策(五)」[168]において、大阪商船会社の運航に関して「沖縄航路中、内地航路は以前毎月14、15回の航海が今は10回以内に減少して居るから不便となつたのは当然である。殊に郵便物の如き定期船と命令船の外には積まないことになつて居るから郵便局に取つては少なからぬ不便を来して居る」[169]と指摘し、大阪商船会社の運航に対して改善策を提言している。

大正6年(1917)になると先島航路の運賃問題が生じる。『琉球新報』大正7年(1918)1月27日付の「先島航路と運賃」[170]において、先島航路の運賃値上げを批判する。関連する記事は、『琉球新報』大正7年1月28日付の「先島航路問題(一)」[171]、『琉球新報』1月29日付の「先島航路問題(二)」[172]、そして『琉球新報』大正7年2月8日付の「先島航路問題」[173]、『琉球新報』大正7年2月15日付の「先島航路問題」[174]と大きく取り上げられた。

このような経過を経て大阪商船会社の運賃改正が実施された。『琉球新報』大正7年4月26日付の「大阪商船運賃改正」において、運賃表が掲載されている。

> 大阪商船株式会社にては当地より各港に至る乗客運賃並に弐等客別室料金を別表の如く改定し来る5月1日より実施すべしと。

167　石垣市役所編集『石垣市史　資料編近代4　新聞集成Ⅰ』652頁。
168　石垣市役所編集『石垣市史　資料編近代4　新聞集成Ⅰ』654頁。
169　石垣市役所編集『石垣市史　資料編近代4　新聞集成Ⅰ』654頁。
170　石垣市役所編集『石垣市史　資料編近代4　新聞集成Ⅰ』739頁。
171　石垣市役所編集『石垣市史　資料編近代4　新聞集成Ⅰ』739-740頁。
172　石垣市役所編集『石垣市史　資料編近代4　新聞集成Ⅰ』740-741頁。
173　石垣市役所編集『石垣市史　資料編近代4　新聞集成Ⅰ』744-745頁。
174　石垣市役所編集『石垣市史　資料編近代4　新聞集成Ⅰ』745頁。

自那覇至各港乗客運賃表

港名	壱等	弐等	参等
名瀬	8.75円	5.25円	3.50円
鹿児島	16.25	9.75	6.50
神戸・大阪	23.75	14.25	9.50
横浜	30.00	18.00	12.00
宮古	9.50	5.70	3.80
多良間	10.25	6.15	4.10
八重山	12.00	7.20	4.80
南大東・西表	12.75	7.65	5.10
沖大東・与那国	16.50	9.90	6.60
基隆	21.25	12.75	8.50

自那覇至各港船客別室料金

名瀬75銭　鹿児島1円47銭　神戸大阪2円14銭　横浜2円70銭　宮古86銭　多良間93銭　八重山1円08銭　南大東・西表1円15銭　沖大東・与那国1円49銭　基隆1円92銭（注：運賃数字はアラビア数字に変換した）[175]

大正7年(1918)当時の小学校教員の初任給が12円から20円であった[176]とされるから、那覇と横浜との間の3等運賃が12円、神戸・大阪間の3等運賃が9.50円、那覇・鹿児島へは3等運賃で6.50円、那覇・八重山間の3等運賃が4.80円、那覇・基隆間の3等運賃の8.50円は決して安い金額ではなかったことがわかる。当時の沖縄から九州や本州への移動には経済的にも困難な時代であった。

しかしこの「改正運賃表」から、大正7年当時の沖縄航路の運航状況が知

175　石垣市役所編集『石垣市史　資料編近代4　新聞集成Ⅰ』768頁。

176　朝日新聞編『値段史年表　明治・大正・昭和』朝日新聞社、1988年6月、92頁。

られるであろう。

大正11年(1922)の八重山における汽船の乗降数が知られる。『八重山新報』大正11年1月1日付の「3ヶ年間に於ける船客の乗降と汽船入港回数」に次のようにある。

> 大正8年度より10年度に至る3ヶ年の統計に依りて当港乗降の船客と汽船入港の回数を見るに汽船入港の回数は8年度32回、9年度36回、10年度40回、と次第に増加しつつあり。
>
> 船客は乗降共に大正9年度最も頻繁を極め、乗客5,435人にして降客4,966人なり。10年度は8年度より多く9年度より少しく減少せり。則ち乗客4,563人、降客4,491人である。9年度に於て乗降船客の多きは8年度の景気時代に殺到したる一攫千金連の往復頻繁なりしと鰹業の好景気に依り漁師の増加したる外、糖業部の移民の移入ありし爲ならん。則ち左記の通りである。
>
> 最近三ヶ年間乗降船客表　(注:人数と船数はアラビア数字に変換した)

年別	乗客	降客	社船入港回数	社外船港回数
8年	4,323	4,277	31	
9年	5,435	4,966	36	13
10年	4,563	4,491	40	13
合計	14,321	13,734	108	26[177]

大正9年(1920)頃になると八重山に来航する汽船が年間40隻を越え、平均すると毎月3-4隻となり、船客は4,000～5,000名であったことがわかる。1隻の八重山入港で100名近い船客がいたことが知られる。社船とは巨大汽船会社のことでここでは大阪商船会社の汽船であった。

しかしそれでも船腹不足が喚起されていた。『八重山新報』大正11年1

177　石垣市役所編集『石垣市史　資料編近代5　新聞集成II』石垣市役所、1986年3月、127頁。

月21日付の「船腹不足と製材業者の事業中止」によると、

那覇先島間の定期航路が常に不定期の状態を呈して居ることは数年来同じことである。船腹不足の声は依然として止まない。[178]

として、船腹不足のため八重山の製材業者が積み出しを出来ずに事業を中止したことが報じられている。

『八重山新報』大正12年(1923)1月1日付の「自大正9年度至大正11年度3ヶ年間当港船客出入数明細表」によれば次のようにある。

年別	出	入(注:船客数をアラビア数字に変換した)
九年度	5,435	4,966
十年度	4,563	4,491
十一年度	5,296	6,270
計	15,294	15,727[179]

大正9-11年度の八重山への船客数は4,500名から5,000名ほどであった。

『八重山新報』大正13年(1924)1月1日付の「最近3年間乗船客表」には次のようにある。

年別	乗客	降客	社船入港回数	社外入港回数
十年	4,563	4,491	40	13
十一年	5,296	6,270	51	2
十二年	6,386	6,683	65	4
計	16,245	17,444	154	19[180]

(注:客数・船数をアラビア数字に変換した)

大正8年(1919)において八重山港に入港した大阪商船会社の汽船が31隻であったものが、大正12年(1923)には65隻と倍増していたことがわかる。大正8年に平均毎月2.9隻であったものが、4年後の大正12年には毎月5.4

---

178 石垣市役所編集『石垣市史　資料編近代5　新聞集成Ⅱ』132頁。
179 石垣市役所編集『石垣市史　資料編近代5　新聞集成Ⅱ』232頁。
180 石垣市役所編集『石垣市史　資料編近代5　新聞集成Ⅱ』322頁。

隻と、少なくとも毎週1隻が八重山に入港していたことになる。

3　昭和前期の琉球諸島海域の汽船航運

大阪商船会社は、先島航路に新汽船を導入する。『先島朝日新聞』昭和4年(1929) 11月18日付の「蘇州丸は優秀船新高丸と交代する」によれば次のようにある。

> 17日正午、大阪商船会社より当地の取扱店への入電に依れは、商船会社は先島航路定期船蘇州丸を本月末、基隆にて新高丸と交代し、新高丸を先島航路に就航せしむる事になつたそうであるから船客待遇問題は幾分緩和されることにならう。[181]

大阪商船会社の先島航路に就航していた蘇州丸から新高丸への交代に関する記事である。さらに『先島朝日新聞』昭和4年11月23日付の「新高、蘇州両船の構造比較」として、新高丸と蘇州丸の比較が掲載されている。

	蘇州丸	新高丸
船質	鋼	鋼
等級近海	一級	一級
噸數	1, 652噸	2, 504噸
速力	11浬	12浬
製造	明治30年	明治37年
(客室) 一等	ナシ	別室20
二等	雑居11	別室28
三等	10人	20人

(注：数字はアラビア数字に変換した)[182]

181　石垣市役所編集『石垣市史　資料編近代5　新聞集成Ⅱ』703頁。

182　石垣市役所編集『石垣市史　資料編近代5　新聞集成Ⅱ』703頁。

1,652噸の蘇州丸から2,504噸の新高丸への交代であった。

先島航路の汽船の発着に関して『先島朝日新聞』昭和6年(1931)1月1日付の「汽船発着定期変更」によると次のようにある。

大阪商船株式会社八重山荷客取扱店では左の如く汽船発着定期変更があつた。これが実施は本月より行ふことになつてゐる。

那覇　　毎週水曜日発

基隆　　　　火曜日発

本年の初航海は左の如し。

那覇7日発　9日入港

新高丸　西表基隆行

基隆6日発　8日入港

基隆丸　宮古那覇行[183]

大阪商船会社は毎週水曜日に那覇を出港して2日後の金曜日に八重山に、台湾の基隆を火曜日に出港して翌日に八重山に入港する定期運航を実施することになったのであった。

さらに先島航路に湖北丸が登場する。『先島朝日新聞』昭和6年8月8日付の「優秀船湖北丸昨日朝、石垣港に勇姿を現はす」によると、

予定の通り優秀船湖北丸は昨朝その勇姿を石垣港に現した。同船は大正4年の建造で従来、比島航路に用ひられてゐたが、本県向に改善を加へられたもので総噸数2,601頓、速力12浬、甲1等6名、乙1等16名、1等20名、3等432名。

船長は仲野大八氏(当40才)である。因に姉妹船湖南丸は本月末頃就航の予定であると。[184]

とある。さらに『八重山新報』昭和6年9月15日付の「湖南丸就航」によれば、

183　石垣市役所編集『石垣市史　資料編近代6　新聞集成Ⅲ』石垣市役所、1990年3月、52頁。

184　石垣市役所編集『石垣市史　資料編近代6　新聞集成Ⅲ』127頁。

大阪商船会社は先島航路の改善のため湖北、湖南の姉妹船を就航させることにして湖北を先発して湖南は一昨13日、処女航海をなして入港した。頓数は2,700噸である。[185]

先島航路に就航することになった湖北丸とその後に予定される湖南丸であるが、湖北丸は、鋼鉄製貨客船、総噸数2,610.29頓で大正4年(1915)8月26日に川崎造船所で製造された汽船であった。[186] 湖南丸は、鋼鉄製貨客船、総噸数2,664.45で大正4年7月15日に大阪鉄工所で製造された汽船であった。[187] 先島航路に2,600噸級の汽船2隻が投入されることになったのである。

先島航路に新汽船会社が出現する。『先島朝日新聞』昭和7年(1932)2月8日付の「独占航路に割込先島汽船会社現はる」の記事で、先島汽船会社の登場が記される。

大阪商船と対立して先島汽船会社が設立されることになつた。

就航船は大安丸で1,300トン、重量2,100トンである。これにつき傭船主の伏木氏は語る。

貨物船であつたのを今度船客2等15名、3等150名乗せ得るやう大阪ドックで改造したもので、11日迄には終了し、那覇へ16日頃入港し、宮古を経て石垣港には20日頃の予定である。初航に限り西表止めをし、次航から那覇を基点として宮古、八重山、西表、基隆を航海し、月3回通ふことにしてある。

同船は星岡、謝景、小栗、共立の組合石炭を毎月3,000トン積むやうになつて居ると言はれ、大量貨物は特に割引するらしく大阪商船には相当の打撃だと見られてゐる。因みに八重山に代理店を置き前町議石垣信善氏が荷客取扱主任である。[188]

---

185 石垣市役所編集『石垣市史　資料編近代6　新聞集成Ⅲ』135頁。

186 神田外茂夫編輯『大阪商船株式會社五十年史』410頁。

187 神田外茂夫編輯『大阪商船株式會社五十年史』409頁。

188 石垣市役所編集『石垣市史　資料編近代6　新聞集成Ⅲ』184頁。

と、先島航路においてしばらく大阪商船会社が独占していた中に、新たに先島汽船会社が誕生したのであった。同社は大安丸と言う総噸数1,300噸の汽船を投入する。

『先島朝日新聞』昭和7年(1932)2月13日付の「広告(先島航路開始御挨拶)」によれば、大安丸の航行予定が知られる。

汽船　大安丸　重量頓2,000頓　総噸数1,300噸

航路　那覇　宮古　八重山　西表　基隆　1ヶ月弐航半

初航海2月21日那覇出帆　初航海ニ限リ西表止［宮古八重山往復寄港］

今般本県有志ノ御薦メニヨリ荷客船大安丸ヲ定期開航サスコトニ致シマシタ。

本船ハ10日大阪ニ於テ客室設備完了致シマシタ。那覇入港ハ18日デアリマス。

従来ノ社外船トハ全ク其趣ヲ異ニシテ船客荷物ノ取扱ハ申ス迄モ無ク、万事ニ付、県民諸彦ノ御期待ニ副フ覚悟デアリマス。・・・

右一言御挨拶申上マス。

八重山郡石垣町大川214	先島汽船八重山代理店
那覇市西本町1丁目1	先島汽船事務所　電話(607番)
宮古郡平良町字西里	先島汽船宮古代理店
八重山郡西表	先嶋汽船西表代理店
台湾基隆日新町2	吉野爲吉商店　電話(566番)[189]

とする広告が掲載され、沖縄県民のための汽船運航を強調している。先島汽船は那覇を本拠地に八重山の石垣町、宮古島の平良、八重山の西表そして台湾の基隆に営業活動の根拠地を構えていたことが知られる。

先島汽船会社の大安丸は、那覇から宮古、八重山、西表、基隆を結ぶ航路を運航することになっていたことが知られる。

189　石垣市役所編集『石垣市史　資料編近代6　新聞集成Ⅲ』185-186頁。

『八重山民報』昭和7年(1932)2月21日付の「愈々明後日社外船大安丸入港す」の記事に、運賃が記載されている。

那覇八重山間	二等	6円70銭	三等	4円
宮古八重山間	二等	1円50銭	三等	2円
八重山西表間	二等	1円80銭	三等	1円
八重山基隆間	二等	9円60銭	三等	4円50銭

その他貨物類は商船会社のそれより2割軽減することになり、船体も1,300噸あるので従来の乗客貨物は同船に奪はれ、いきほひ先島近海では商船会社は大打撃を蒙ることになるであろう。[190]

先島汽船会社は、同航路を運航する大阪商船会社より乗客運賃、貨物運賃などを20%ほど軽減されたものであった。

先島汽船会社の廉価運賃、輸送費は当然大阪商船会社の運航に打撃を与えずにはいかなかった。大阪商船会社もこれに対抗して運賃の割引を提示してきたのである。『八重山新報』昭和7年3月5日付の「商船会社の荷客運賃二割引下」によれば次のようにある。

台湾　八重山　西表　宮古　那覇に限り

台湾那覇の航路に先島汽船会社が割込み、荷客運賃を引下げて競争して居るので、之に対抗すべく商船会社に於ても糖分荷客運賃の2割引下を決行することになり、本航から実施した。2割引下運賃中には従来通りはしけ料も含れて居ると。[191]

先島汽船の廉価な運賃に対抗するべく大阪商船会社も台湾、八重山、西表、宮古、那覇の航路にのみ20%の減額運賃を提示してきたのであった。

しかし大阪商船会社の横暴に対する批判が再び喚起される。『先島朝日新聞』昭和7年3月23日の「商船の横暴を制すべく先島住民挙つて、航路改

190　石垣市役所編集『石垣市史　資料編近代6　新聞集成Ⅲ』188-189頁。

191　石垣市役所編集『石垣市史　資料編近代6　新聞集成Ⅲ』193頁。

善に邁進せよ (1)[192]」、同28日付の「商船の横暴を制すべく先島住民挙つて、航路改善に邁進せよ (2)[193]」、同4月3日付の「商船の横暴を制すべく先島住民挙つて、航路改善に邁進せよ (3)[194]」といずれも長文にわたる記事が掲載されている。(1) では「10万民衆にとつては海運業は他県に於ける鉄道でもあり、電車であり、自動車であるが如く我々の生活に密接な関係がある事を明確に覚ることがことが肝要である[195]」と、先島在住の人々の汽船の重要性を指摘し、(2) では大阪商船会社が「商船は何時も此筆法で弱小海運業者を圧倒し跡は独占、横暴を擅にするので両先島の住民こそ加減にほんらうせられ、屈従するのである[196]」とか、「商船の厖大の資本をたてに多年の荷主□□一挙にして潰敗せしめ撲滅せんとする言語道断の暴力沙汰と言はれても仕方はあるまい[197]」(□：不明文字) など商船会社を批判し、(3) では「他府県には国家の経営たる鉄道があり、国道があり、競争的に電車があり、乗合自動車、貨物自動車があつて、人間の交通、貨物の運輸が自由自在であるに反し、本県には此の種の国の経営が一つもない。唯だ一つ60万県民の生存権を左右する営利一点張りの商船会社があるのみである事を深く脳漿に刻み込んで解決に当る事を強調する[198]」と結んでいる。

沖縄における航路問題は止むことが無い。『八重山民報』昭和9年 (1934) 7月11日付の「社説 (航路問題国営実現にあり)」では、沖縄県の航路問題を取り上げ、その問題点として、

　航路問題は別ちて2とする。1は圏外航路であり、2は離島及び沿岸航

192　石垣市役所編集『石垣市史　資料編近代6　新聞集成Ⅲ』203頁。
193　石垣市役所編集『石垣市史　資料編近代6　新聞集成Ⅲ』203-205頁。
194　石垣市役所編集『石垣市史　資料編近代6　新聞集成Ⅲ』205-206頁。
195　石垣市役所編集『石垣市史　資料編近代6　新聞集成Ⅲ』203頁。
196　石垣市役所編集『石垣市史　資料編近代6　新聞集成Ⅲ』204頁。
197　石垣市役所編集『石垣市史　資料編近代6　新聞集成Ⅲ』205頁。
198　石垣市役所編集『石垣市史　資料編近代6　新聞集成Ⅲ』206頁。

路である。[199]

として、その運賃の高騰であること、その要因に大阪商船会社が航路を寡占している問題を指摘し、航路の公営化を提起した。

『海南時報』昭和12年(1937)6月15日付の「大阪商船会社との先島航路契約更新」によれば次のようであった。

船舶噸数航海回数を増加す

那覇先島間及び大東島の命令航路に対し県では大阪商船会社と本年四月一日より向かふ1ヶ年間契約を左の如く締結した。

▼航路補助50,000円(12年度)

▼航路回数及寄港地(那覇を基点とす)

イ　宮古島、石垣島、与那国島往復毎月4回以上1ヶ年期間を通じ52回以上

ロ　多良間島、与那国島往航1ヶ月期間を通じ6回以上

ハ　南大東島、北大東島往航1ヶ年を通じ1回以上

▼就航総噸数2,500噸級以上2隻とす(従来2,000噸級)

▼基隆積先島各港那覇揚台湾米及茶の運賃

台湾米貸(ママ)に付36銭

茶1個に付5円32銭[200]

この契約更新によって、沖縄県民とりわけ先島島民がこれまで強く要望していた汽船運航の最低基準にようやく近づいたと言えるであろう。

『先島朝日新聞』昭和13年(1938)3月9日付の「先島航路定期改正され月五回就航」によれば、運航状況が知られる。

先島航路定期改正

3月11日上り下り便より実施

199　石垣市役所編集『石垣市史　資料編近代6　新聞集成Ⅲ』491頁。

200　石垣市役所編集『石垣市史　資料編近代6　新聞集成Ⅲ』837頁。

実施期間　自12月至6月　7ヶ月間

自7月至11月の5ヶ月間は颱風期で改正定期実施困難であるため旧定期で配船。

改正定期回数は月5回、従来那覇基隆両地に3泊してゐたのを2泊に短縮して5回就航となす。

因に3月中の改正定期発着は左の通り。

往航

湖南丸	着17日	発18日	着29日	発30日
慶運丸	着11日	発11日	着13日	発14日

復航

湖南丸	着11日	発11日	着23日	発23日
慶雲丸	着17日	発17日	着29日	発29日[201]

昭和13年(1938)年3月から先島航路の定期運航が毎月5回に改正されることになった。しかし旧定期に戻ることになる。『先島朝日新聞』昭和13年6月6月付の「先島航路旧定期に還る」によると次のようにある。

商船会社では昨年12月1日から先島航路の回数増加をはかり、毎航那覇・基隆共2晩碇泊3日出帆として、月5回の就航をなしてきたが、颱風期近づきこの定期実施の可能性となるので定期実施の可能性ある旧定期(毎週土曜日石垣港入出)に変更することに決定。来る7月より11月迄の5ヶ月間を旧定期実施期として、又12月より6月迄の7ヶ月間は現在通り月5回に復帰することとなつた。6月30日那覇発湖南丸便より愈々実施することとなつた。

尚本月中の定期は左の通り。

201　石垣市役所編集『石垣市史　資料編近代7　新聞集成Ⅳ』石垣市役所、1991年8月、26-27頁。

	往航	復航
6月8日	・・・・	慶雲丸
11日	湖南丸	・・・・
15日	慶雲丸代船嘉義丸	湖南丸
21日	湖南丸	代船嘉義丸
27日	慶雲丸	湖南丸[202]

台風期に近づき7月から11月までは定期5回の運航は困難として、以前の4回運航として、それ以降は5回運航とされた。

『海南時報』昭和14年(1939)4月23日付の「先島航路船客激増」によれば、

内台航路の余波で先島両郡は制限さる

▼那覇支局発▲　先島航路は湖北丸が阪神線へ廻された爲代船として慶雲丸が就航、更に今月から慶雲丸の代りに嘉義丸が就航してゐるが、何れも湖北丸より小さいため船腹不足を来し、宮古、八重山両郡民は益々孤島苦を満喫させられてゐる。毎航海の如く貨物は積残され荷主が3回までも艀舟で本船まで荷物を持つて行つたが、積取らなかつた例もあり荷主は船腹不足に悩まされてゐる。最近は貨物のみではなく船客も十分に収容し切れず、宮古では切符の発行を制限することがある。毎航海の如く船客は甲板にあふれ夜半に雨を避ける場所もない等気の毒な状態にある。これは内台航路に乗船出来ない船客が本県を通過することになつたのも一因で台湾よりの乗客が増加したためであるが、これがため先島殊に宮古の乗客は、最も打撃を蒙り艀舟より本船に乗込む際の如き文字通り命がけの状態で船腹の増加、或は航海回数の増加が要望されてゐる。[203]

と見られ、日本の拡張政策の影響を受けてか、先島航路においても船腹

202　石垣市役所編集『石垣市史　資料編近代7　新聞集成Ⅳ』60頁。

203　石垣市役所編集『石垣市史　資料編近代7　新聞集成Ⅳ』200頁。

不足が見られるようになった。大型船であった湖北丸が、他航路に廻航されたことで、先島航路に就航していた汽船の船腹が小型化することになったためである。さらに日本と台湾を結ぶ「内台航路」の運航にも支障が生じていたのであった。代船として就航していた嘉義丸であるが、鋼鉄製の貨客船で総噸数2, 508. 51噸、明治40年（1907）7月11日に川崎造船所で製造[204]され、昭和14年（1939）時点では20年を越える老朽船であった。

4　小結

上記のように明治31年（1898）当時から昭和14年（1939）までのおよそ40年におよぶ沖縄諸島の海域の状況は、沖縄航路を寡占していた大阪商船会社の運航に対する沖縄県民の不満が、さまざまな形態で噴出し、時には沖縄県民自身の自力による汽船会社の創設などしばしば試みられた。明治から大正期にかけて沖縄開運株式会社、那覇汽船株式会社、広運会社、沖縄商船株式会社そして鹿児島郵船会社、昭和期に那覇から台湾の基隆までの航路を運航した先島汽船会社などがあったが、いずれも短期間で終息していった。このため日本政府への国営の汽船会社の運航などの要請も貫徹しないままに第二次世界大戦を迎えることになったのである。

204　神田外茂夫編輯『大阪商船株式會社五十年史』395、440頁。

第三章　沖縄産品の汽船による物流

1　緒言

熊本産の高級果物が空輸によって那覇空港に運ばれ、那覇で税関手続きを済ませ、さらに空輸で香港に運ばれ、香港では高級スイーツとして加工され販売される時代になった。このように沖縄が東アジアの南に位置しているため、航空機の利用により、日本産の新鮮な果実が迅速に海外とりわけ東南アジアの各地に輸出される地勢的に有利な位置に立地していると言える。

それでは、19世紀末に沖縄海域にも汽船の時代が到来し、沖縄産の物産の流通はどのようになったのであろうか。沖縄を中心として汽船の時代における物流を見てみたい。

2　沖縄海域の汽船による物流

第一章、第二章で汽船の登場により沖縄航路にも就航するようになったことを述べたが、このような汽船会社は全国規模には至っていなかった。とりわけ沖縄ではなお伝統的な帆船が、重要な輸送機関であった。

『琉球新報』明治33年(1900)1月25日付の「32年中県内貨物輸入高」によると、

> 昨明治32年1月より同12月に至る県下各地より那覇港へ輸入したる諸物品に付、那覇船舶取締所の調査したる所に拠るれは左の如し。
> ▲薪木、松大薪木、木材、船材木、椽、榑板、蓋底板、木炭、皿木、明松、真竹、木灰、製藍、楊梅皮ヱキス、樟脳、樟脳油、夜光貝、シビ貝、高尻貝、丁貝、棕梠皮、麦、米、粟、青豆、海人草、シユク漬モノ、砥石等にして、積出地は北谷、読谷山、恩納、名護、本部、今

帰仁、羽地、大宜味、国頭、九ケ間切及伊平屋、伊江、慶良間、久米、宮古、八重山の六島なり。

▲筵、鰑、牛、馬、山羊、牛皮、豚にして其荷物先は久米、慶良間、粟国、宮古、八重山の五島なり。而して其内訳は左の如し。

▲薪木237万6495丸、松大薪木3万2855切、木材2万9926本、船材木3184本、椽1万1955個、榑板464万5010枚、蓋底板152万3760、木炭70万5440斤、皿木2947本、明松1400切、真竹1万8948束、木灰2万2244斤、製藍273万4140斤、楊梅皮エキス258個、樟脳45個、樟脳油60個、夜光貝1784個、シビ貝2904斤、高尻貝3万1990斤、丁貝2680斤、棕梠皮437斤、筵1570枚、鰑2万1550斤、麦97石、米1947石、粟483石、青豆712石、青豆712石、海人草5100斤、シユク並鰑ツケモノ47石7斗、砥石1805丁、製糖1万5789挺、黒石灰3660斤、黒ツグ皮1474斤、白土12万5000斤、牛645頭、馬560頭、山羊835頭、牛皮78枚、豚1083頭、鯖油98個、入船1831艘。[205]

とある。明治32年(1899)1-12月の一年間に那覇港に入港した1,831隻によって沖縄各地からもたらされた沖縄産品の品目である。那覇港に入港した船舶は、おそらく伝統的な帆船である山原船などによって運ばれて来たものであったろう。那覇に流入した産品は木材、燃料の木炭、食料品、家畜などが大勢を占めていた。

ついで『琉球新報』明治33年(1900)1月27日付の「昨年中県内輸出貨物」の記事には次のように記されている。

昨年中、県下各地より那覇港へ輸入貨物総額は、前号の紙上に報道の通りなるか、又那覇港より県下各地へ輸出したる昨年中の貨物総高は左の如くなりと云ふ。

205　石垣市役所編『石垣市史　資料編近代4　新聞集成Ⅰ』石垣市役所、1983年3月、95-96頁。

焼酎1648石、白米1932石、番茶2万980斤、大豆2118石、素麺1万6605斤、石油189石、木材2184本、味噌63石、食塩305石、小麦11石、昆布4090斤、桟頭550間、醤油6石、綛400斤、七分板80間、四分板544間、種子油4石、漆器55箇、畳44枚、砂糖樽1535挺、鍋19枚、陶器入1631挺、甕909本、瓦13万4016枚、小豚144頭、出港船舶1708。

那覇港から沖縄県下の島嶼部に1708隻の船舶で搬出されたものが、焼酎以下小豚まで26品に及ぶ。この中で圧倒的に数量が多いのが番茶2万980斤であろう。沖縄では琉球王朝時代より、茶葉は中国の福建からの茶葉が朝貢船により搬入されていた。[206]その中国茶は半発酵の烏龍茶が大勢を占めていたことから、おそらくその味に近い九州南部で生産された番茶が那覇に流入し、さらに那覇から沖縄各地に再搬出されたものと思われる。また中国の福州からも那覇へ中国茶が流入するようになる。『沖縄毎日新聞』明治42年(1909)6月6日付の「丸一店の支那茶」によれば、

丸一店に於て去る35年支那の福州に支店を置き支那茶を製造して那覇の本店に輸送せし来りて販売したるに、当時は僅に5,000斤位に過ぎざりしが、其の後漸々販売高多きを加へ殊に一昨年より昨年にかけ、本邦産茶の価格暴騰したる爲めに清明茶は比較的に安価となりしかば、近田舎より山原及び離島に至るまで、其の需要盛んに起り。昨年の如きは清明茶のみにて20万斤の売行を見る程の盛況に達し、尚ほ他の店にも約5万斤を輸入したりと云ふ。[207]・・・

とあるように、那覇の茶店が福州から中国茶を輸入していた。

『琉球新報』明治34年(1901)2月1日付の「琉球形船那覇港輸入高」には、明治33年1-12月までの那覇港に流入した沖縄産品の品名と数量が見られる。

客年1月より12月まで琉球形船舶にて輸入したる物品那覇船改所の調

206　松浦章『清代中国琉球交渉史の研究』関西大学出版部、2011年10月、263-297頁。

207　琉球政府編『沖縄縣史　第17巻　資料編7　新聞集成(政治経済2)』琉球政府、1968年4月、51頁。

査に依れは左の如し。

薪木266万4810丸、松大薪木21万8270切、木材3万319本、船材木3424本、キチ7475本、荷樽板166万3550枚、蓋底板60万□□00枚、木炭50万985斤、皿木3240本、明松345切、真竹1万4706束、木灰8250斤、製藍198万1185斤、楊梅皮ヱキス104箇、鳥餅1万9188斤、藺340丸、夜光貝1750斤、シビ貝1万3230斤、高尻貝2740斤、丁貝510斤、棕梠皮55斤、筵915枚、鰑6860斤、麦18石、米2195石、粟156石、青豆15石、海人草465斤、シユクナシモノ4960舛、砥石1700丁、砂糖1万2702丁、黒石灰1万7020斤、黒ツグ皮800斤、白土18万7000、牛694頭、馬299頭、山羊767頭、牛皮224枚、豚1158頭、鯖油29個、船舶数1713艘なり。但し薪木、松木薪木、木材、キチ、樽板、蓋底板、木炭、皿木、明松、真竹、木灰、製藍、楊梅皮ヱキス、鳥餅、藺、夜光貝、シビ貝、高尻貝、丁貝、棕梠皮、麦、米、粟、海人草、シユクナシモノ、砥石、砂糖、石灰、ツク皮、鯖油等の積出地は北谷、読谷山、恩納、名護、本部、今帰仁、羽地、大宜見（ママ）、国頭の九ヶ間切及ひ伊平屋、伊江、慶良間、久米、宮古、八重山の六島にして莚、鰑、牛、馬、山羊、牛皮、豚は久米、慶良間、粟国、宮古、八重山の五島より輸入したるもの也と云ふ。[208]（□：不明文字）

この記事では、明治33年（1900）分の那覇港に積載してきた船舶が、琉球形船と明確に記しているように、伝統的な琉球王国時代から使用されてきた帆船によって運ばれて来た沖縄産品であったことが明らかとなった。

沖縄産品の那覇港への流入品は、数量の差異はあるが、明治32年（1899）、33年分との間に大きな相違は見られない。

上記のような伝統的な帆船の時代から、沖縄の物流も汽船の時代に変化するのである。その最初と言える記事が『琉球新報』明治35年（1902）9月

208　石垣市役所編『石垣市史　資料編近代4　新聞集成Ⅰ』122-123頁。

15日付の「各離島間の輸出入」である。

昨34年中、開運会社の運輸並に仁寿の両汽船にて各離島へ輸出又は那覇港へ輸入したる貨物及び其の価格は左の如し。

▲輸出

品目	個数	価格	仕向先
米穀	3,673俵	11,019円	宮古
同	1,230	3,690	八重山
同	15,863	47,589	名護
同	5,670	17,010	久米
同	578	1,734	本部
同	370	1,080	与那国
同	670	2,080	鳥島
同	33	99	西表
同	130	390	伊江
同	92	276	伊平屋
泡盛	2,540個	25,400円	宮古
同	1,670	16,700	八重山
同	35	350	西表
同	24	240	与那国
同	75	750	鳥島
同	235	2,250	久米島
同	98	980	名護
同	2,360	4,720	名護
同	1,240	2,480	久米島
同	98	196	伊平屋
同	30	60	伊江

同	135	270	本部
同	30	60	粟国
同	25	50	渡名喜
塩	2,360俵	1,888円	宮古
同	1,389	1,111	八重山
茶	584	1,752円	宮古
同	290	870	八重山
同	142	852	名護
同	98	588	久米
素麺	1,920箱	1,536円	宮古
同	870	696	八重山
同	1,200	960	名護
同	871	697	久米
同	30	24	西表
同	50	40	与那国
油類	372個	1,488円	宮古
同	284	1,136	八重山
同	50	200	与那国
同	254	1,016	久米
同	928	3,712	名護
同	35	140	本部
同	12	48	伊江
昆布	245俵	980円	宮古
同	159	636	八重山
同	120	480	西表
同	270	1,080	名護
板類	670個	1,080円	宮古

同	560	840	八重山
同	290	435	久米
同	23	35	名護
木材類	272本	81円	久米
同	84	25	宮古
同	242	96	八重山
刻煙草	30個	750円	宮古
同	21	525	八重山
同	58	1,450	名護
藍玉	618個	7,414円	宮古
綛	20	900円	宮古
同	8	200	八重山
同	12	300	名護
セメント入	35個	245円	宮古
同	15	105	八重山
同	20	140	名護
同	15	105	久米
石材	260個	260円	宮古
同	120	120	八重山

右輸出表中、米穀並に泡盛、塩は1俵1斗入、素麺1箱5貫なり。価格は円未満は除けり。(輸入は次号に譲る)[209]

とあり、続いて『琉球新報』明治35(1902)年9月19日付の「各離島間の輸出入(続き)」として、輸入が掲載されている。

209　石垣市役所編『石垣市史　資料編近代4　新聞集成Ⅰ』、153-154頁。

▲輸入

品名	個数	価格	仕出先
木炭	28,182俵	9,863円	久米
同	453	31	名護
穀物	6,354	19,062	宮古
同	678	2,034	八重山
同	1,364	4,092	与那国
同	892	2,886	名護
同	529	1,586	伊江
木材	8,524本	260円	八重山
同	696	417	西表
山建	210	126	宮古
黒糖	3,670挺	18,350	宮古
同	4,644	23,220	名護
同	2,360	11,800	久米
藍	4,693籠	4,693円	名護
皿木	3,674本	1,189円	八重山
同	739	221	久米
生牛	48頭	720円	宮古
生豚	162頭	972円	宮古
生馬	8頭	200円	宮古
山建	58	300円	八重山
葉莨	195個	4,875円	八重山
鰑	1,902	11,412円	宮古
海産物	152	760円	宮古
同	285	1,425	八重山
香皮	201	630円	久米

同	185	555	八重山
薪	528把	10円	久米

右輸入表中、穀物は3斗入、鯣は30斤入なり。[210]

以上が、開運会社の汽船である運輸丸と仁寿丸の2隻によって那覇から宮古、八重山、名護、久米、本部、与那国、鳥島、西表、伊江、伊平屋に運ばれた品々でありまた同2隻によって、久米、名護、宮古、八重山、与那国、伊江などから那覇港に搬入された品々であった。汽船が沖縄における物流に関与した草創期の記録である。

沖縄県の産品が本州や九州に向けて汽船によって搬出される。『琉球新報』明治37年(1904) 3月12日の「砂糖輸送」には次の記事が見られる。

昨日、那覇港出帆の信濃川丸は本県糖1,308挺、永良部糖130挺(鹿児島)、本県糖3,686挺、大島与論糖161挺、八重山白下糖62挺(大阪)、鹿児島・大阪へ向け輸送せり。[211]

信濃川丸は、明治24年(1891) 3月に長崎の三菱造船所で建造された鋼鉄製貨客船で、総噸数が707.54噸で大阪商船会社の所有船であった。[212]その後、大正11年(1922) 2月20日に北日本汽船会社に売却されている。[213]このことから、明治37年に3月に那覇から鹿児島、大阪に向けて南西諸島産の砂糖を輸送したのは大阪商船会社の信濃川丸であったことは確かである。信濃川丸が那覇港から搬出した5,347挺の26.9%が鹿児島に、73.1%が大阪に輸送されたことになる。

『琉球新報』明治37年7月5日付の「廣運丸と両先島」の記事に、

一昨3日、両先島より那覇へ入港せる廣運丸の搭載貨物は、黍15俵、

---

210 石垣市役所編『石垣市史　資料編近代4　新聞集成Ⅰ』、155頁。

211 同書、217頁。

212 神田外茂夫編『大阪商船株式會社五十年史』大阪商船株式會社、1934年6月、369頁。

213 神田外茂夫編『大阪商船株式會社五十年史』417頁。

麦4俵、稷2俵、空壺15個、布袋5個、小黍115俵、黒木5本、□檀1本、槇1本、染色科3個、粟5俵、丸太31本、鳥餅2個、海鼠3個、牛23頭(八重山)、檀5本(宮古)なり。因に云ふ。広運丸今回の先島航海は非常の歓迎を受けこんな汽船かかく辺鄙の土地に航海するは実に有難仕合なり云々と島民一同喜合へりと。[214](□:不明文字)

広運丸が先島へ航海し、那覇へ黍、麦などを積載し入港してきた。先島では広運丸の寄港を人々が極めて喜ばれたようであった。

広運丸は沖縄海域の海運に貢献している。『琉球新報』明治38年(1905)2月13日の「牛豚の輸入」記事に、

先日入港の廣運丸にて宮古より牛89頭、豚8頭、八重山より牛76頭、豚107頭即ち計牛165頭、豚115頭輸入せり。[215]

とあるように、広運丸は八重山、宮古より牛165頭、豚113頭を積載して那覇に入港したのである。

ついで『琉球新報』明治39年(1906)5月13日付の「重要貨物輸入」には、

昨日入港の廣運丸にては大麦175俵、小麦79俵、粟16俵、袋米1俵、白米2俵を八重山より。小麦235俵、粟16俵を宮古より廻送せり。[216]

とあるように、広運丸は今回は八重山と宮古より那覇へ大麦、小麦などを輸送してきたのであった。

『琉球新報』明治39年5月23日付の「平安丸の輸入貨物」によれば、

再昨19日入港の平安丸は甘藷91俵、小麦151俵を八重山より、甘藷10俵、小麦594俵、粟255俵、黍65俵、大豆76俵、砂糖372挺を宮古より廻送せり。[217]

と、今度は平安丸が八重山から甘藷と小麦を、宮古から甘藷、小麦、粟、黍、

---

214 石垣市役所編『石垣市史　資料編近代4　新聞集成Ⅰ』230頁。

215 同書、243頁。

216 同書、282頁。

217 同書、282頁。

大豆、砂糖を輸送して那覇港に入港している。

『琉球新報』明治39年(1906)6月30日付の「平安丸の貨物輸送」には、

一昨日28日出港の平安丸にて外国米23俵、糠10俵、大豆31俵、石油23箱、種子油3箱、食塩402俵、素麺26箱、泡盛225本、白糖3袋、昆布4カラゲ、唐紙5コヲリ、燐寸3箱、七分板35間、四分板123間、ビール5箱を宮古へ、塩755俵、泡盛53本、索麺18箱、石油12箱、種子油2箱、昆布2カラゲ、唐紙1コヲリ、燐寸1箱、四分板6間を八重山へ廻送せり。[218]

とあるように、平安丸は今回は那覇から宮古と八重山に大量の食料品や建築資材などを搬出している。

広運丸、平安丸についで球陽丸も貨物輸送に貢献している。『琉球新報』明治39年10月19日の「貨物輸送」記事によれば、

17日出港の球陽丸にて袋米20俵、大豆20俵、泡盛295本、素麺58箱、石油12箱、種子油3箱、米利堅粉15俵、白糖2袋、醤油2樽、茶5箱、葡萄酒10打、ビール4打、昆布5梱、塩10俵、金庫3箇、糠12俵、千切大根4梱、七分板205間、四分板40間、瓦2梱500万枚、甘藷40俵を宮古へ、白米15俵、泡盛51本、大豆17俵、茶1箱、金庫2箇、葡萄酒8打、醤油5樽、昆布1梱、畳50枚、甘藷2俵を八重山へ輸送せり。[219]

とあるように、球陽丸も那覇から宮古、八重山への食料品、昆布、泡盛の他に建築資材などの物流に貢献している。

『琉球新報』明治40年(1907)6月22日付の「重なる輸入貨物」に、

昨日入港の球陽丸便にて八重山より粟18俵、仙檀100本、皿木84本、鰹節9箱、空壺39個、荒下駄13梱、黒木33本、チャ木81本(中略)を輸入せり。[220]

218　石垣市役所編『石垣市史　資料編近代4　新聞集成Ⅰ』、285頁。

219　同書、287頁。

220　同書、323頁。

とあり、球陽丸が八重山から那覇への貨物輸送に従事している。さらに『琉球新報』明治41年(1908)2月28日の「八重山糖及び宮古糖の輸入」には、

昨日入港の球陽丸にて珍らしくも八重山糖12挺、宮古糖1198挺を輸入せり。[221]

とあるように、球陽丸が八重山と宮古から那覇へ砂糖を積載して来た。

球陽丸はこの他に水瓜も積載している。『沖縄毎日新聞』明治44年(1911)5月14日付の「水瓜の走り」によると、

昨日入港の球陽丸便より八重山産の水瓜ウンと着荷せりと。[222]

とある。水瓜とはスイカであるが、当時の5月頃にはビニールハウスの栽培も無い時代であった。しかし、八重山は亜熱帯海洋性気候に属している関係から5月にはすでにスイカが生産できた。そこでまだ出回らない那覇などに搬出して利益を得ようとする農業生産者等が汽船を利用して輸送を試みたのであったろう。

汽船で沖縄海域に運ばれるものは他にもあった。『琉球新報』明治39年(1906)5月25日付の「台湾米の輸出先」によると、基隆から日本へ台湾産の米が搬出されたが、沖縄にも運ばれて来ている。

去月基隆港より内地へ輸出したる台湾米は、其数額に於て713万1270斤、其価格に於て27万6085圓なるが、仕向先を港別にすれば左の如し。

港名	数量	金額
横浜	1,489,640	58,006
神戸	4,438,550	171.398
大阪	80,160	3,006
長崎	594,650	23,063
下の関	178,180	6,702

221　石垣市役所編『石垣市史　資料編近代4　新聞集成Ⅰ』、350頁。
222　同書、493頁。

門司	350.090	13,910
合計	7,131,270	276,085

右の輸出米は悉皆玄米なるも、其他別に白米にて八重山へ数額1万6940斤、価格726円を輸出し、又名瀬へ2万3700斤、価格1080円を輸出せりと云う。[223]

基隆から日本の横浜、神戸、大阪、長崎、下関、門司に輸送する途中で、八重山と名瀬に、精米が運ばれて来た。八重山と名瀬の一部では台湾の白米が流通していたことを示す記事と言える。

台湾から沖縄への白米の流入は、上記のみではない。『琉球新報』明治39年(1906)12月15日付の「御嶽丸の貨物輸入」によれば、

13日入港の御嶽丸にて白米25袋を基隆より、木炭30俵、空壺6個を八重山より輸入せり。[224]

とある。この御嶽丸は明治39年当時台湾航路に就航していた汽船であった。[225]『陸満普大日記』明治39年1月の「復員及召集解除帰郷者便船なき為船待滞在中旅費給与方の件」によれば、

目下旗員召集解除帰郷者ニシテ便船無キ為メ、鹿児島ヘ数日間滞在シ、尚ホ宮古八重山島ノ者ニ在リテハ那覇ヨリ同島ハ渡航ノ便船極メテ少ナク、現ニ客月第十二師団復員ノ為メ帰郷セシ者二十餘名ハ那覇ヘ十日間滞在、同月二十六日台湾航路御嶽丸ヨリ帰郷スベキ筈ナルモ、召集解除ノ際支給ヲ受ケシ旅費ハ既ニ不足ヲ告ケ船賃ヲ仕拂フコト能ハズ、如何共致方無之ニ付、八重山郡ノモノニ対シテハ県庁ヨリ八重山島司ニ電報ニテ交渉ヲ為シ、運賃先拂ノ方法ニテ乗船シ得タルモ、宮古郡ニ至リテハ電線ノ架設無ク、該島司ニ交渉スルコトヲ得ザリシモ、

223　石垣市役所編『石垣市史　資料編近代4　新聞集成Ⅰ』、283頁。

224　同書、294頁。

225　陸軍省-陸満普大日記-M39-1-13(所蔵館：防衛省防衛研究所)、アジア歴史資料センター、レファレンスコード：03026917300、全6頁。

幸ヒ該島書記那覇ニ滞在中ナリシヲ以テ汽船会社ト種々協議ノ結果漸ク乗船セシメタル次第ニ有候[226]・・・

とある。台湾への兵役に関係した兵士等を帰郷させるについて、台湾から沖縄諸島から徴兵された兵士の郷里への帰還のために乗船する船舶が不足していた。基隆から那覇へは、台湾航路に就航する御嶽丸に搭乗しての帰郷が可能であったが、八重山、宮古出身者には便利な汽船が無かったのであった。

3　沖縄産砂糖の物流

汽船が登場して最初に注目されたのが、沖縄産の砂糖の日本本土への輸送であった。

沖縄の特産である砂糖生産の状況に関して大正2年(1913)の農商務省農務局の調査が残されている。原文は漢字カナ混じり文であるが、判読しやすいために漢字平仮名文に改めた。

沖縄の糖業は此の如く、17世紀の初葉に開始せられ、次第に発達し来りたりしか、萬延元年(西暦1860年)に至り、当時自要自給を政策とせる琉球王は甘蔗畑の増加は食料の欠乏を来すの恐あるを以て、甘蔗畑面積を1,500町歩に制限せり。蓋し当時の国情に於ては止むを得さる処置なりしならん。其後明治11年、琉球王を廃して沖縄県庁を置くや交通の機関発達し、有無の貿易容易となるや甘蔗作付を制限するの必要を見さるに至り、明治21年12月7日県令甲第54号を以て此の禁を解けり。爾来作付面積年と共に増加し、明治20年の1,749町に明治42年の8,894町を比較するに、実に約5倍の作付となれり[227]。

226　陸軍省-陸満普大日記-M39-1-13、4-5(全6頁)頁。

227　農商務省農務局編『農務彙纂第三十七　砂糖ニ関スル調査』農商務省農務局、1913年3月、46頁(全308頁)。

とあるように、沖縄では17世紀以降において糖業が盛んとなり、他の食料生産との関係があって、制限を受けていたが、萬延元年(1860)以降、その制限が緩和され、漸次増産が進んで行った。本調査では全国の生産区を本州区、南海区、九州区、南洋区に区分して述べ、南洋区は鹿児島県の大島群島、東京府の小笠原群島、沖縄群島としている。[228] そして、

内地産の砂糖は総額約1億斤にして、其れ8割は南洋区の所産にして、南海区は1割、九州区は7分、本州区は2分を占めるのみ沖縄、奄美大島、小笠原の三群島は内地糖業の中心地たるを知へし。[229]

と記している。それではこの調査に見る数字を示してみたい。沖縄県は国頭、中頭、島尻、宮古、八重山郡の生産額が、明治41年(1908)が43,238,802斤、明治42年(1909)は62,039,718斤、明治43年(1910)48,850,707斤であり、これに対し、全国の明治41年が55,323,424斤、明治42年が89,409,931斤、明治43年が76,945,768斤であった。[230] この沖縄の割合を示せば明治41年が78.2%、明治42年が69.4%、明治43年が63.5%となる。これから見ても明治41-43年当時においていかに沖縄県下の砂糖生産の比重が大きかったかがわかる。

『琉球新報』明治42年4月18日付の「大阪に於ける砂糖の集散」の記事によれば、

目下那覇に堆積せる黒餹約15万、来月中に積出すべきものを加へて16万これに大島郡のもの約8万を合すれは、来月までに鹿児島・大阪の市場に入るもの24万挺はあるべし、此内鹿児島揚7万、大阪揚17万とみれば大差なからん。更に大阪揚の内より鈴木増田屋の手に依り関東方面へ転送されるるもの約5万を除けば、大阪に止まるべきもの

---

228 農商務省農務局編『農務彙纂第三十七　砂糖ニ関スル調査』、72頁。

229 同書、74頁。

230 同書、72頁。

は12万に過ぎず。[231]

とあるように、那覇から鹿児島・大阪へ砂糖が輸送されさらに、大阪から東京へ転送されていたことが知られる。那覇から搬出される黒砂糖24万挺の29.2%が鹿児島へ、50%が大阪市場に、20.8%が大阪市場から東京市場に輸送されていたことがわかる。この例からではあるが、那覇から搬出される沖縄産の黒砂糖の流入先の大市場が大阪であったことが知られるであろう。

『沖縄毎日新聞』明治42年(1909)4月30月の「名護の商業と運輸交通(上)」によると、明治41年(1908)の名護の輸出総額は38,537円であって、このうち黒砂糖が3,741挺で25,303円であった。[232] このことから名瀬の他地域への搬出総額の約67.7%を黒砂糖で占められていたことが知られる。これらの輸送は、同紙5月2日付の「名護の商業と運送交通(下)」に、

名護と那覇の間32浬は海城丸(287噸)、辰島丸(150噸)及び運輸丸(約80噸)の3汽船が殆ど毎日往来し、本部村の渡久地(2浬)今帰仁村の運天(23浬)等に回航して乗客及び貨物を運搬しつつあるを以て海上の輸送交通は稍々便利なり。其の間に於ける貨物の重なるは輸出に於ては砂糖、泥藍、芭蕉実、木炭、阿旦葉帽原料、煙草等にして、[233]･･･

とあるように、80-200噸級の汽船の3隻が毎日のように、名護と那覇との間を航行していたのであった。これらの汽船を使って名瀬の砂糖は、一旦那覇に運ばれ、那覇から大型船で本州、九州に搬出されたのであろう。

『琉球新報』明治42年7月11日付の「黒糖の販売(上)」によれば、

砂糖の産出高は5、6年来、32、33万挺(1挺120斤)より37、38万の間を上下したるが、本年の如きは既に39万余挺を輸出し、尚ほ4万挺あ

231 琉球政府編『沖縄縣史　第17巻　資料編7　新聞集成(政治経済2)』琉球政府、1968年4月、33頁。

232 同書、38頁。

233 同書、40頁。

りとすれば、本年は43万挺の産出にして、[234]・・・

とあり、明治42年(1909)には39万挺、4,680万斤約28,080噸に達していた。さらに同紙7月12日付の「黒糖の販売(中)」に、

黒糖の販売は数十年来の仕来りありて、県外にて鹿児島・大阪の二市場に局限せられ、大阪に於ては十一組と称する仲間に局限せられて他の糖商が随意に売買するを許さず。十一組の人員103人なれども現に営業を続け居るものは47に過ぎず。[235]・・・

とあるように、沖縄産の砂糖の殆どが、鹿児島と大阪市場に搬出され、大阪ではその砂糖を取り扱う商人組織として十一組と呼称された商人集団が存在していたのであった。

大阪『朝日新聞』第1758号、明治21年(1888)5月2月付の「電報」に、

沖縄縣人の奮発　沖縄縣より産出する砂糖は同地に於る第一の物産にて其収穫の多少に依り大に影響を及ぼす者なるが、従来同地の砂糖は内地の商人が同地に渡航して買入れなすを以て、其利益は獨内地商人の占むる所となり居り、・・・大和商人に獨利を占められ居りては到底我々人民の發達すべき時なしとて、有志の商人等申合せ、40万圓の資本を以て一の會社を起し同島の砂糖を一手に引受け同地にては大和商人に賣渡さず、内地即ち京阪地方に積来り直賣をして、獨利益を占めんとの考案を立て居り。[236]・・・

とあるように、大阪の砂糖商人が永年にわたり沖縄砂糖の有力な販売網を掌握していたのであった。それを沖縄商人がその不合理を打開しようとしていたのである。

明治41年(1908)の那覇からの輸出額が3,794,260円あり、その内、黒糖が2,441,171円、白下糖が224,968円、砂糖に次ぐのが泡盛で409,940

234　琉球政府編『沖縄縣史　第17巻　資料編7　新聞集成(政治経済2)』、69頁。

235　同書、71頁。

236　大阪『朝日新聞』第2758号、1888年5月2日、1頁。

円であった。[237] 那覇からの輸出額の64.3%が黒砂糖、白下糖が5.9%と砂糖関係で70%を越えていた。それに次ぐ泡盛は10.8%に過ぎなかった。明治期の沖縄経済の根幹は糖業にあったと言えるであろう。

明治43年（1910）時期の黒糖産額は約48-49万挺から50万挺であり、このうち鹿児島や大阪へ移出されるものが36万挺と見られていた。[238]

大阪『朝日新聞』第225号、明治12年（1879）10月24日付の「雑報」欄の記事に、

> 長州萩の豪商小林某外5名の同志にて、今般1艘の蒸氣船を製造して、下の關より沖繩縣下へ航海し、該地の砂糖を一手に請負ひ各地へ賣捌んと昨今企謀中のよし。[239]

とある。萩の豪商数名が汽船を使って下関から沖縄へ至り、沖縄で砂糖を積載し下関へ輸送し、下関から各地に販売して高利を得ようと企図していたことが知られる記事である。汽船による大量輸送を企画した興味深い内容である。

これからほぼ10年後の大阪『朝日新聞』第2743号、明治21年（1888）4月14日付の「電報」記事欄にも砂糖輸送に関連する記事が見られる。

> 沖繩航業の事　當地及神戸より鹿児島・大島を經て沖繩縣に至る航業に於て兼てより、日本郵船會社、大坂（ママ）商船會社の諸船及び球陽丸（獨立船）豊瑞丸（同上）との間に、其運賃を競争する所ある由は兼て記載を經しが、其中商船會社の朝日丸は船体も小さく、且荷主の便を圖り、前記の外、各島嶼に寄港するを以て指して競争の衝に當らざるも、他の各船即ち郵船會社の播磨丸、美濃丸と球陽丸、豊瑞丸の4艘は、漸次烈く競争を試み、過日神戸を出港せし播磨丸の如きは、其航海の運

---

237 「那覇港の輸出入品」、『沖縄毎日新聞』明治43年7月9日、琉球政府編『沖縄縣史 第17巻 資料編7 新聞集成（政治経済2）』琉球政府、1968年4月、166頁。

238 「沖縄毎日新聞」明治43年6月14日付の「黒糖産額と移出高」、琉球政府編『沖縄縣史 第17巻 資料編7 新聞集成（政治経済2）』琉球政府、1968年4月、160頁。

239 大阪『朝日新聞』第225号、明治12年（1879）10月24日付「雑報」.

賃僅か70圓に過ぎず、球陽丸も荷物を満載して得る所320-330圓の賃金に止まれる由。然れば沖縄より積出す砂糖は是迄、1樽45銭の賃金なるも20銭位に引下り、鹿児島より沖縄に積送る米穀は100石30圓の處、12圓50銭乃至13圓より上らざる割合なるに因り、當強者は何れも不引合にて目下幾んど困難なし居る由にて、就ては球陽丸、豊瑞丸持主より郵船會社、商船會社へ競争を止め以前の如く一定の賃金を定むる等、更に嚴則を設けんとの意を示談し、兩社に於ては何れも之に應じて、其方法を考案中なりと云ふ。[240]

汽船による輸送が活発化した時期である。日本郵船会社や大阪商船会社のみならず、球陽丸船主、豊瑞丸船主などが沖縄航路の運航を開始する。その最大の目的は貨物輸送による運賃収入であった。その輸送品の対象となった最大の沖縄産品が沖縄産の砂糖であったのである。この砂糖を如何に大量に低廉な輸送費で、沖縄から大阪、神戸に輸送することにあったのである。

『琉球新報』大正3年(1914)2月17日付の「本県黒糖大阪相場」に、大阪市場における沖縄本島と宮古、八重山の砂糖の相場が掲載されている。

大阪市場に於ける本県黒糖平均相場は左の如し。

品位	最高	最低	平均斤価
二半	10.16銭	10.08銭	10.120銭
二歩	10.01	9.98	9.995
一半	9.85	9.68	9.765
一歩	9.45	9.21	9.330
宮古・八重山糖			
二半	10.05銭	10.05銭	10.05銭
一歩	9.14	9.14	9.14

240　大阪『朝日新聞』第2743号、明治21年4月14日、電報。

半歩　　　　　8.21　　　8.21　　　　　8.21

上俵に依り本県市場に於ける挺価即ち120斤の価格を計上せば、二歩半12円14銭4厘、二歩11円99銭4厘、一歩半11円71銭8厘、一歩11円19銭6厘にて、宮古八重山糖は二歩半12円6銭、一歩10円96銭8厘、半歩9円85銭2厘なり。[241]

と記されている。沖縄産の黒砂糖が大阪市場の相場に関係するほど大量に、沖縄から大阪に輸送されていたことになる。これらの黒砂糖は当然汽船で輸送されていたことは歴然である。

沖縄から本州への砂糖輸送に関して、大正3年(1914)のことであるが、『沖縄実業新聞』大正3年9月5日付の「沖縄航路と砂糖運賃問題を論じて沖縄産業の開発に及ぶ　大阪商船会社内航部長　中川浅之助」として次の記事が掲載されている。

沖縄は近来著しく開発され物産も亦た之れに従って増加された、砂糖の如きは其増進見るべきもので誠に沖縄県産業の生命であると云って宜しい、沖縄には我が社は航路を経営して居るので其の地の開発に尤も密接なる関連を有し我社は大に努力をして居るつもりである。沖縄の航路は目下1,200噸型のものを以てして居るが、沖縄に使用するは之を以て充分とは思って居らぬ、今度藤永田造船所で那覇丸と云う新船が進水した、之れは其の命名からして沖縄航路に使用するものと世間では思って居るであろう、元来此の型の船は全部で3艘造る事になって8月末から9月末にかけて進水する第二船は、大阪鉄工所で宮古丸、第三船は兵庫三菱で八重山丸が進水する。是等は何れも沖縄群島の名に取ったものであるから沖縄航路に使用するものと思われて居る、然し之れは元来鹿児島・大阪間の定期航路に使用する目的–即ち一日措きの定期で建造したものであるが、其の時の都合で沖縄の方

241　石垣市役所編『石垣市史　資料編近代4　新聞集成Ｉ』578頁。

面へ廻わす事もあるであろうから、先ず以って沖縄航路に使用するものと見ても差支えはない訳だ。然し沖縄航路に使用するは1,000噸型では少し小さいと思う。1,500噸位のものを欲しいのであると思って居る。

沖縄航路補助の問題は、沖縄県知事や鹿児島県知事が熱心に講究して居られる。又た東京でも此の問題は論ぜられて居るが、何うも実現されるかどうか今の処一寸むつかしいように思う。

扨て沖縄航路に於て最もやかましいのは砂糖運賃問題である。砂糖の運賃が高いから引き下げて呉れと云う事で、此の問題は沖縄の新聞なぞでもやかましく論ぜられて居る。我が商船会社は決して運賃を下げぬと云うではない。下げる事を理想として居る漸次逓減したいは山々である。然し理想と云うものは種々の故障やら都合があって直ちに実行すると云う事が出来ないのである。引下要求者の方では斯う云う事を言って居る。沖縄航路の砂糖運賃は台湾に比較して甚だ高いので台湾の通りとは言わぬが、セメテ台湾に近い運賃に下げて貰い度いと云うのである。成程台湾は担(100斤)が17-18銭で、沖縄の方は担(135斤)27-28銭、30銭ともある、然し此の比較を以て攻め立てられては困るのである。ナゼ台湾と沖縄とを同じように取扱う事が出来ぬかと云と、凡そ右の二理由がある。

一、台湾は往復共に船貨豊富なるも沖縄は然らざる事。

二、台湾は荷役の便宜しきも沖縄は然らざる事。

先ず第一に於て述べんに、台湾は往航には木材、建築材料、雑貨等、夫れから香港、上海、福州行の石炭なぞも満載であって、又た復航には製糖期でなくとも積荷は沢山ある。然るに沖縄は製糖期には帰り貨はあっても往航の荷がない。其処へ以って来て製糖期が済めば、帰りが片荷になる。勿論往航には肥料なぞの積荷はあるが、台湾の往航の豊富なるに比すべくもない。

第二の荷役の問題であるが、台湾は打狗の港湾深く入って4,000-5,000噸の大船でも便利に荷役が出来、人夫の手数も少くて済む。然るに沖縄は左様な大船は着かぬ。1,500、1,600噸位のものでなければ出来ぬ。沖繋りになれば荷役費も多用を免れぬ。たとえ人夫一人の働賃は安くても多くの人夫を使用せねばならぬから結果多用だ。其処へ以って来て沖縄は暴風が甚だしく、荷役を妨げ台湾で2日で出来る荷役も、沖縄では7日もかかると云う事になる。

斯様な訳で沖縄航路は台湾航路に比して甚だ不利がある。論より証拠だ沖縄の航路は儲かっては居ない。我社の事は後にして、沖縄航路同盟の一鹿児島郵船の営業状態は何うかと云うと、船価償却もせで7朱位の配当だ。廣運会社はアノ通りである。其処で我社であるが、我社は内国航路を一纏めにして居るから沖縄航路丈けを引き離して見ねば詳しい事は明らぬが、勿論儲かっては居らない。人或は云わん。商船会社は乗客が多いから他の社と見れば儲けるであろうと、成程船室が広く好い設備がしてあるから客は多いが其の代わり此の客室を広くとって居るから積貨のスペースを夫れ丈け奪う訳である。夫れのみならず、我社の使用船は船価が高い。京城平壌丸は25-26万円もかかって居る。今でも17万円位の船価はある。然るに他の会社の汽船は船価が安い。其の安い船に対して高価な船を以って同じ運賃でやるのであるから引き合う事じゃない。

斯様な訳であるから沖縄航路は、台湾のような取扱は出来ぬのである。此点は大に諒察して欲しいのである。で沖縄砂糖の運賃も引き下げは之れを理想として居り色々の方法を講し、経済的に立案して引き下げ度きを希望して居るが、今直ぐ引き下げると云う訳には行かぬのである。然し台湾と沖縄航路が事情上述の差異があるにも不拘、其の運賃は事実左様な差違はないかと思う。と云うのは沖縄砂糖荷主は、特約戻しと云うものを受ける。表向は一担30銭でも之れに内々の特約戻しがある。大きいのになると2割位ある。今之れを沖縄の一担135斤を台湾同様100斤として換算すれば約24銭余となる、之れが2割引となれば約20銭となる訳である、台湾の18銭と比較すれば2銭の差のみ、即ち事実に於ては、砂糖荷主の注文通り台湾の運賃に近いのではないか。

理屈は兎も角、我社は今後努めて運賃の引き下げに努力する積りであるから我社の意志を十分諒解して貰い度いのである。誠に沖縄の砂糖は我国の重要なる物産で近年肥料の使用と共に著しく増収が出来、沖縄大島を合せ120万担を以って算せらる。今後大島が肥料を用うるようになり、旁々増収策の講ぜらるるに於ては5年後には150万担は困難でなかろうと思われる。台湾と雖も普通は300万担程であるが、凶作の時は160-170万担であるから、5年後の沖縄の砂糖の収額150万担に比すれば大した差なく実に重大なる物産と云うべく、沖縄は吾国の産業上実に重大なる使命を負んで居るものと云わねばならぬ。此の点は我社も尤も注意を払いつつある処で、沖縄の開発、砂糖の増収問題に就ては、我が社は大に力を注ぎ度いと思って居るのであるから運賃等の問題に就ても決して誠意のない筈がない。何処迄も吾人は同情と興味とを以て沖縄の産業開発に注意し、共に倶に方法を講じたいと思うのである。[242]

沖縄産の砂糖の運賃が問題となる。それは日本が台湾を植民地としたことで、安価な台湾砂糖が入手できることになったことによる。そこで日本本土への輸送費が、沖縄産の砂糖と台湾産砂糖との間で比較されることになったのである。

さらに『中外商業新報』大正12(1923)年4月16日付の「海運の台湾便利になった」において、台湾砂糖の輸送には各輸送会社が参画していた。

242　神戸大学新聞文庫データベースによる。

・・・右主客船航路の外に内地台湾間の貨物輸送には近海郵船、大阪商船、山下汽船の三定期船があり砂糖積取りには三井物産会社の船舶部も加わって毎年新糖の出廻り前に於て砂糖会社との間に積取運賃が協定される、砂糖は云うまでもなく台湾航路に於ける貨物の大宗で出廻り期には各社の船腹を賑して居るが、昨年（10、11年度）の各汽船が積取った数量は商船212万4281担、郵船142万2625担、山下145万4370担、三井70万5189担、合計570万6465担であった。本年度（11、12年）は目下盛に積取り中である砂糖以外の雑貨運賃は従来一二社間で協定はあったがそれは名義のみで実際に於てはかなり激烈な競争が行われて居のた、然るに昨年郵船、商船、山下の三社は強固なる協定を作って以来協定運賃率は厳守され現在に於ては無競争の状態となって居る。[243]

とあるように、大正10、11年（1911、1912）度において台湾産の砂糖を日本本土に輸送したのは、大阪商船会社、日本郵船会社、山下汽船会社、三井船舶会社の4社の汽船であった。

それを表示すれば表6のようになるであろう。大阪商船会社が40%近くに逼り、日本郵船と山下汽船が拮抗して両社で50%を占めていた。三井船舶は10%強に止まっていたことがわかる。

表6　1921-1922年台湾砂糖積載日本輸送比率

汽船会社	積載量　担	割合
大阪商船	212万4281担	37.2%
日本郵船	142万2625担	24.9%
山下汽船	145万4370担	25.5%
三井船舶	70万5189担	12.4%
合　計	570万6465担	100%

243　神戸大学新聞文庫データベースによる。

『大日本外国貿易年表』大正8年(1909)上篇によれば、内国産の砂糖がどの港に流入したかの記録が見られる。[244] 日本産の精糖がどの港から他の港に搬出されたかが知られる。それらを港別にどの割合を示していたかを算出して表に加えた。表7から明かなように、門司が半数以上を占め他を圧倒していたことがわかる。すなわち門司に集荷された量が最も多く、それは沖縄航路や瀬戸内海航路の分岐点でもあったためかと思われる。

沖縄産の砂糖をどのように沖縄から本州等に輸送するかが最大の問題であった。

それでは沖縄産の砂糖が日本のどの地域に搬出されたかについて『日本帝国港湾統計』から見てみることにする。最初の統計が残る明治39年(1906)・明治40年(1907)からほぼ10年ごとに、大正4年(1915)、大正14年(1925)、昭和10年(1935)の数量を一覧表にした。

表7　1919年国内精糖の搬出数量表

港名	数量　斤	割合(%)
横浜	125,047	11.419
神戸	253,121	23.116
大阪	81,332	7.428
長崎	-	
門司	628,633	57.409
函館	35	0.003
其他諸港	6,838	0.625
合計	1,095,006	100

表8-1　1906年(明治39)沖縄砂糖の国内搬出量[245]

仕出港	砂糖名	数量	仕向港
運天[246]	黒砂糖	4,780樽	那覇
渡久地[247]	黒砂糖	2,125樽	那覇

244　大蔵省編『大日本外国貿易年表』大蔵省、1920年10月、20-21頁。

245　内務省土木局編『日本帝国港湾統計　明治39年・明治40年後編』内務省土木局、1911年(明治44)10月、124-127頁。

246　運天、沖縄本島の国頭郡の今帰仁にあり、運天港として知られる(東恩納寛惇『南東風土記』沖縄郷土文化研究会、1940年3月、1964年12月再版、392頁)。

247　渡久地、沖縄本島の国頭郡の本部に位置する((東恩納寛惇『南東風土記』沖縄郷土文化研究会、1940年3月、1964年12月再版、408頁)。

湖辺底[248]	黒砂糖	3,741樽	那覇
那覇	精糖	1,578樽	大阪
	白下糖	5,688樽	大阪、鹿児島
	黒砂糖	212,280樽	鹿児島、神戸、大阪
	糖蜜	3,348樽	大阪
阿護浦[249]	砂糖	15,500斤	那覇
漲水[250]	砂糖	20,526樽	那覇
石垣[251]	白下糖	167,700斤	大阪
	黒砂糖	21,960斤	大阪

表8-2　1907年(明治40)沖縄砂糖の国内搬出量[252]

仕出港	砂糖名	数量	仕向港
運天	砂糖	2,308樽	那覇
渡久地	砂糖	2,758樽	那覇
湖辺底	白下糖	298樽	那覇
	黒砂糖	4,219樽	那覇
那覇	白下糖	5,785樽	鹿児島、神戸、大阪
	黒砂糖	317,236樽	鹿児島、神戸、大阪
阿護浦	砂糖	17,500樽	那覇
漲水	砂糖	16,042樽	那覇
石垣	白下糖	189,750斤	大阪
	黒砂糖	30,000斤	大阪

248　湖辺底は国頭の名護湾南の小湾である(東恩納寛惇『南東風土記』沖縄郷土文化研究会、1940年3月、1964年12月再版、332頁)。

249　阿護浦は、慶良間群島の座間味島の南岸東部に位置している(東恩納寛惇『南東風土記』沖縄郷土文化研究会、1940年3月、1964年12月再版、332頁)。

250　漲水は、宮古島の西岸に位置し、漲水湾があり、平良(ひらら)の港である(東恩納寛惇『南東風土記』沖縄郷土文化研究会、1940年3月、1964年12月再版、423-424頁)。

251　石垣は、石垣島で八重山群島の主島である(東恩納寛惇『南東風土記』沖縄郷土文化研究会、1940年3月、1964年12月再版、434-435頁)

252　内務省土木局編『日本帝国港湾統計　明治39年・明治40年後編』内務省土木局、1911年(明治44)10月、399-402頁。

表8-3　1915年（大正4）沖縄砂糖の国内搬出量[253]

仕出港	砂糖名	数量	仕向港
那覇	砂糖	942,277斤	大阪
		247,330斤	鹿児島
		169,780斤	名古屋
		11,894斤	知名村
		4,740斤	其他諸港
		1,376,021斤	計

表8-4　1925年（大正14）沖縄砂糖の国内搬出量[254]

仕出港	砂糖名	数量	仕向港
那覇	砂糖	17,817噸	鹿児島
		11,609噸	大阪
		5,111噸	東京
		1,588噸	名古屋
		1,820噸	函館
		1,123噸	小樽
		333噸	門司
		424噸	神戸
		322噸	其他諸港
		40,152噸	計

253　内務省土木局調査課編『大日本帝国港湾統計　大正4年』内務省土木局調査課編、1917年（大正6）8月、416頁。

254　内務省土木局調査課編『大日本帝国港湾統計　大正14年』内務省土木局調査課編、1927年（昭和2）3月、346頁。

表8-5　1935年(昭和10)沖縄砂糖の国内搬出量[255]

仕出港	砂糖名	数量	仕向港
那覇	砂糖	2,210噸	鹿児島
		1,270噸	三池
		960噸	大阪
		231噸	其他諸港
		4,671噸	計

表の8-1、8-2から明治39,40年(1906、1907)時期は、沖縄諸島で生産された砂糖は、一旦那覇に集荷されて大阪や神戸、鹿児島に搬出されていた。しかし石垣島の砂糖のみが直接大阪に搬出されていたことがわかる。

大正年間になると沖縄諸島の生産砂糖は全て那覇に集荷され、那覇から大阪、神戸、鹿児島へと出荷されていた。さらに大正末年になると、出荷地が大阪、神戸、鹿児島の他に東京、名古屋、函館、小樽、門司などその搬出先が広範囲に広がっていくことがわかる。

4　小結

上記のように、明治から大正時期にかけての沖縄近海の汽船による物流の状況を見てきたが、20世紀の初頭において「本県の産業界に於ける黒糖の位置は、如何独り農産物中に主要なる位置を占居るのみならず、総ての物産中之に匹儔すべきものなし」[256]とされるように、明治から大正にかけての沖縄の農業産品の第一は黒糖生産であったことは確かである。沖縄海域

255　内務省土木局港湾課編『大日本帝国港湾統計　昭和10年』内務省土木局港湾課編、1927年(昭和12)3月、451頁。

256　『琉球新報』明治42年7月11日付の「黒糖の販売(上)」、大田朝敷の講演会の記事、琉球政府編『沖縄縣史　第17巻　資料編7　新聞集成(政治経済2)』琉球政府、1968年4月、69頁。

への汽船の航行は、その農業生産品とりわけ黒糖をいかに大量に低廉な運賃で輸送するかが重要であった。

その輸送に関与したのが、19世紀末から20世紀にかけて沖縄海域において航行していた汽船であったのである。明治時期は、主に鹿児島、大阪にむけて大量に輸送されていたが、その後、汽船の隆盛を迎えると、鹿児島、大阪のみならず全国の主要港へ搬出されていったのである。

終章

琉球諸島と呼称される沖縄諸島、先島諸島を含む海域の汽船航路には、上述のように日本との関係が深く刻まれている。

大正3年（1914）の『琉球新報』大正3年7月19日付に「本県定期航路問題」として浅井那覇局長の談話を掲載し、1914年当時の沖縄を中心とする汽船運航についてみられる。

> 現今内地沖縄間唯一の交通機関たる汽船便は、大阪商船、鹿児島郵船及沖縄廣運の3会社約6艘の船で経営せられて居つて、1ヶ月平均10回即ち3日毎に1回宛の発着がある様に成つて居るが、之等は凡て不定期航路である爲、其出入共に一定しない[257]。・・・

19世紀末から20世紀前半において沖縄の交通機関として最も重要なものが汽船運航であった。それが19世紀末から20世紀初めにかけて、沖縄と日本の九州や本州を結ぶ航路が、不定期航路から漸次定期航路へと進展し、毎月の運行回数や航行汽船の総噸数の大型化が進んでいったのであった。1910年代以降、本州と沖縄航路を寡占した大阪商船会社は、総噸数1,500噸級から次第に大型化を進め3,000噸級にまで汽船を投入し、汽船の定期運航と、運行回数の増加を企図した。

しかしそれに至るまでの過程が、沖縄県民と船舶会社との葛藤とも言える歴史が記録されている。とりわけ、沖縄県民にとっての最大の交通機関であった汽船航運を寡占するようになる大阪商船会社とのさまざまな軋轢が、沖縄で出版されていた『琉球新報』、『沖縄毎日新聞』、『先島新聞』などの各紙に記され残されている。

最大の問題が乗船運賃と貨物運賃、定期運航の厳守であった。この問題が絶えず発生して、沖縄県民と各汽船会社、のちには沖縄県民と大阪商船

257　琉球政府編『沖縄縣史　第17巻　資料編7』、529頁。

会社との対峙となって生じたといえるであろう。物流では、沖縄産の砂糖の本州、九州への大量輸送に汽船航運が果たした役割を否定できないであろう。しかし、貨物運賃としては、台湾が日本の植民地となって以降、安価な台湾砂糖と競合する沖縄砂糖の沖縄からの輸送費の問題が、時には大きな経済問題、政治問題として浮上してくるのであった。

このように、近代沖縄史を考える上で、汽船航運の問題は看過できないと言えるであろう。

資　料　編

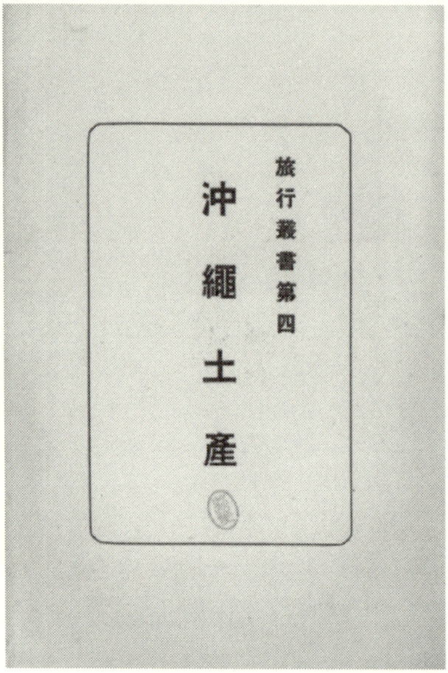
旅行叢書第四
沖縄土産

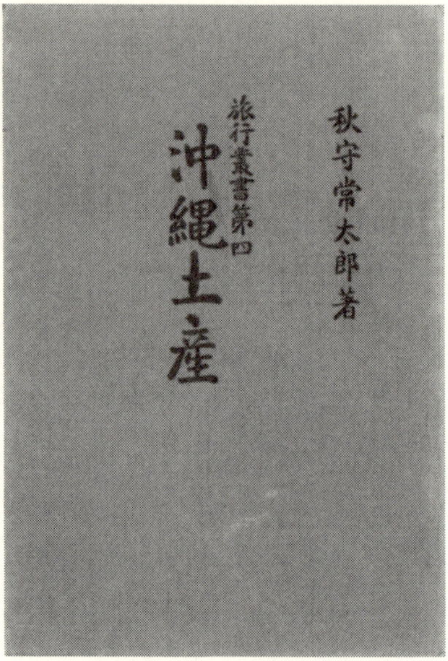
秋守常太郎著
旅行叢書第四
沖縄土産

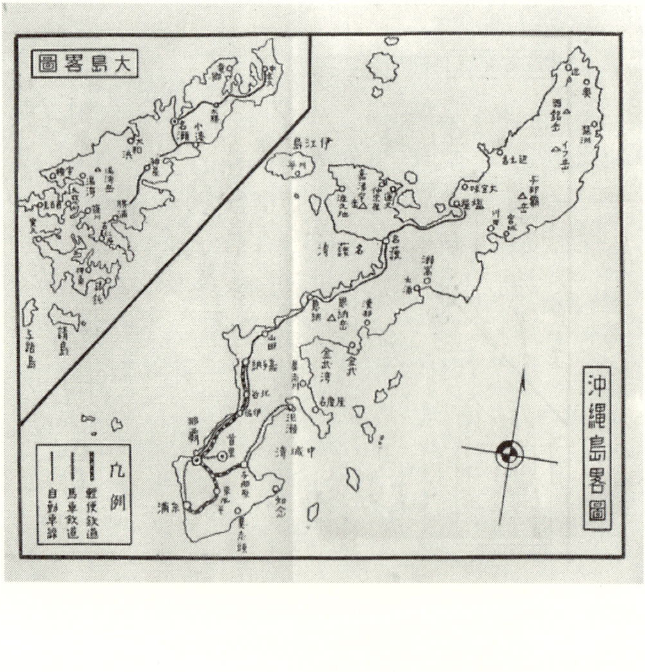
大島略圖
沖縄島略圖
凡例
軽便鉄道
馬車鉄道
自動車路
伊江島
名護湾
中城湾

目次

第三章　沖繩旅行雜件

其一　沖繩航路の獨占

南海の絶域に散在して居る沖繩縣としては航路は其國道及び縣道に相當するものにして文化は唯一にそれ等の航路を通じて輸入せらるゝものであるから、同縣として之が完成を期せねばならぬ事は勿論である。而かも航海其物は渺々たる海上によるものであるから同縣として設備せねばならぬものは港灣及び航路標識等の外に過ぎぬのである。而して同島に於ける生活に餘裕があり人と物との輸移出入が旺盛で相當の汽船の使用に堪ゆるに於ては、之を自由競爭に委するも何の差支はないと同時に、之を理論的に見て人と物との出入が旺盛であれば其航路は自然に發達するものであるから之を自由競爭に放任すべきであるが、之を現狀としてはそれ等の出入が少ないから其航路の維持と發達とに對して補助金を與へて相當程度の利便を維持する事

も亦必ずしも不可ではないのである。之れ、現在に於て同縣が大阪商船會社に對して補助金を與へて同島に於ける人と物との出入が少量であるのに不拘、同社をして三千三百噸級の汽船を使用して毎月六回の大阪直行線と・千六七百噸級の汽船を使用して毎月十二回の鹿兒島線とを維持せしめて居る所以である。而して現在は之を從來に比較して全く其面目を一新したのであるから一見した處では著しき改良に相違がないのであるが、更に之を同等位にある・大阪——大連線・大阪——青島線・神戸——臺灣線・等に比較する時は、啻に其使用船舶が老朽にして船中に於ける待遇が甚しく劣等であるのみならず、更に其荷物運賃に於ても亦同島人の云ふ所によれば黒糖一樽が大阪基隆間が四十五錢であるのに對して大阪沖繩間が七十錢である等甚しき不當である由である。然かも其實否は私が直接調査した處でないのに加へて同社も事實に於て同航路によつて甚しく利益して居らぬ由であるから、單に同島人側の云ひ分のみを聞いて事を斷ずる事は出來ぬのであるが、畢竟するに同航路が大阪商船會社の獨占である結果、一方には甚しく利益して居らぬと云ふのに不拘他方には苦情が出るのであるから、——何事にも獨占は結局に於て双方に對して不利益であるから——現在の如き一會社に對する獨占的補助金の交

附を止め、一定の資格を具備したものに對しては公平にそれぐ〵規定の補助を與ふ事に改正すべきである。

其二　税制改正の結果は府縣の性質を一變すべし

我國の税制を改正し地租を市町村に委譲するに於ては現在に於ける府縣は自然に或は廢止せられ或は組織を一變するであらうと信ずるのである。何となれば、現在の府縣は中央集權の結果中央に於ける行政上の便利により製造せられたものであるから、その成立が自然の發達によつたものでないのに反して、私の理想實現後に於けるそれ等は、主として河川關係の利害により、稀には港灣・道路及び航路等の（沖繩縣の場合に於ては主として航路の）維持經營上の便否により、共に市町村側に於ける發意によつて組織せられねばならぬものであるからである。従つて啻に現在に於けるが如く府と縣との區別を生じて差別待遇をする必要がなく一切を等し

— 47 —

昭和五年六月二十日印刷
昭和五年六月二十五日發行　定價金壹圓

大阪市住吉區天王寺町二二七九番地
著者　秋守常太郎

大阪市住吉區天王寺町二二七九番地
發行者　秋守常太郎

大阪市港區八雲町一丁目十三番地
印刷所　下市慶文堂

鹿児島沖縄
航路案内
大阪商船株式會社
昭和六年九月

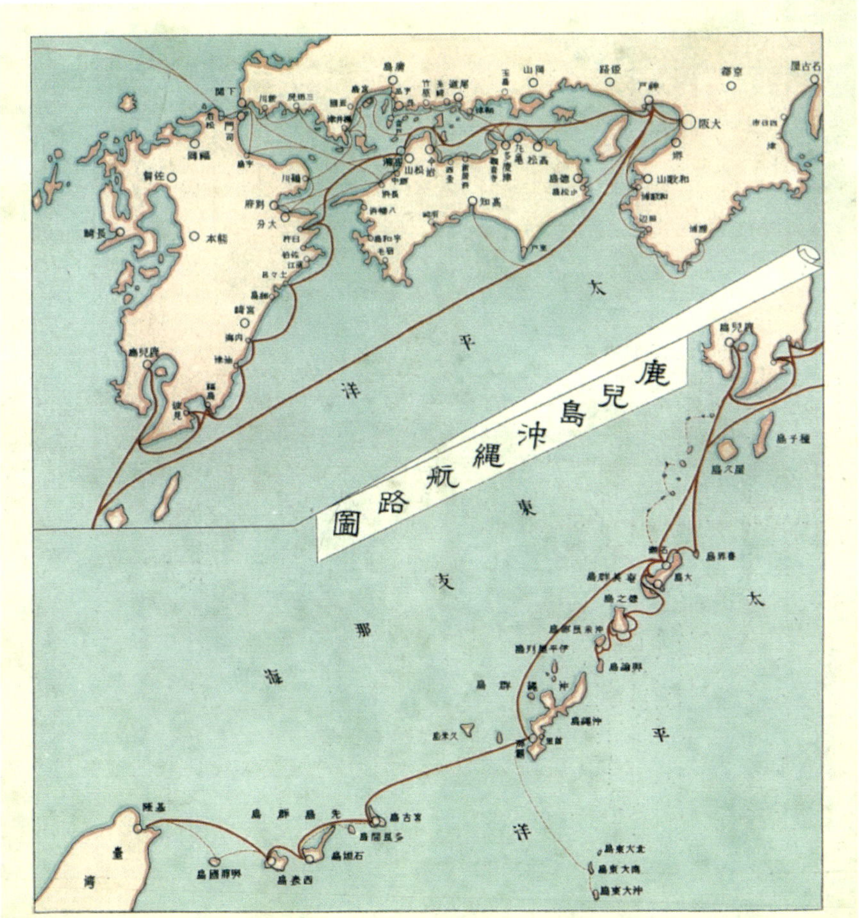
鹿兒島沖繩航路圖
太平洋
東支那海
太平洋
大阪
神戸
名古屋
京都
高知
高松
德島
和歌山
長崎
佐賀
熊本
大分
別府
鹿兒島
屋久島
種子島
大島
奄美群島
德之島
與論島
沖繩島
那覇
宮古島
石垣島
西表島
先島群島
基隆
臺灣
北大東島
南大東島
沖大東島

鹿児島沖縄航路案内

昭和六年九月

瀬戸内海から豐後水道を通過して、日向大隅薩摩の地を海上から訪ねる時は、汽車の旅では得られないなごやかな異國的な情趣を豐富に感受せられて、旅の興趣を一入深くするものがあります。日向地方は、申すまでもなく天孫降臨の歴史を有し、皇國發祥の地でありまして、其所には崇高なる三千年の傳説があり、史蹟があり、名所があります。鹿児島附近は、美しい櫻島の風光や、大西郷にからまる史蹟に富み、旅人の感興を嗾り、大島紬で有名な大島は、鹿児島縣管内でありますが、鹿児島からは海上二百九浬、其間に、黒島、竹島、硫黄島、臥蛇島、中ノ島、諏訪ノ瀬島、惡石島、寶島などが、庭石の如く散點してゐます。

臺中丸　臺南丸

沖縄に至れば、南國氣分は愈々色濃く、妖魔の如く蟠居する榕樹、亭々と蒼空に聳える檳榔樹、六十年目に一度開花するてふ龍舌蘭などの珍木奇草が、輝かしき太陽の光を浴びて、繁茂せる景趣は、宛ら一大温室に在るの感じがいたします。また、往昔、琉球王國として、獨自の文化を育みし俤は、今も猶、言語に、風俗に、藝術に、異國情緒を強く印象せしめられます。更に、源爲朝の古事を回想しては、この地は感興一入深いものがあります。物産には、有名な黒糖のほか、泡盛、陶器、漆器、鰹節、織物等があります。

阪神から日向、大隅、薩摩へ、大島へ、沖縄へ、沖縄から臺灣へと左記の通り我社の定期船が航海してゐますので、之等諸地方への往復は、昔日の面目を一新して寔に便利になりました。

大阪鹿児島線　隔日一回、(奇數日) 大阪神戸を發し、伊豫高濱、豐後臼杵、日向の土々呂、内海、油津、福島（又は大隅の波見）を經て、鹿児島に往復してゐます。船は一千噸の宮古丸、八重山丸級で、陸路に比すれば、ゆつたりと樂で經濟的な御旅行が出來るのであります。

大阪那覇線　政府の命令航路で、毎月五回、六日、十二日、十八日、廿四日、三十日（二月は六日、十二日、十八日、廿三日、廿八日）大阪及び那覇の兩地から出帆致します。大阪を午後二時、神戸を翌正午出帆して、中一日を海上に過し、三日目午後二時大島の名瀬着、其翌午前八時三十分沖縄の那覇港に到着する、本州沖縄間の最捷路であります。使用船は、三千二百噸の大客船、臺中丸、臺南丸の二隻で、客室は現代的に完備し、一、二等は洋風室、三等は廣濶なる疊敷となつて居ります。尚本船は、無線電信及び電話の設備がありますので、航海中自由に陸上と通信、通話をなし得られ、又船醫も乗船して居ります。

大阪沖縄線　毎月約五回、大阪神戸發、油津、鹿児島、名瀬經山、那覇に至る航路で、貨物輸送を主としてゐます、それ故、荷客の都合により、往航、高松、坂出、多喜濱、新居濱、波止濱、糸崎、門司に寄港し、宮古、八重山に延航し、復航名護、宇和島、八幡濱、門司に寄港し、又名古屋、横濱、東京、北海道にまで延航することもあります。

鹿児島那覇線　政府の命令航路で、毎月一日、五日、八日、十一日、十五日、十八日、廿一日、廿五日及廿八日の九回、鹿児島、那覇兩地から出帆、鹿児島午後五時發、翌午後名瀬着、三日目午前那覇に着きます、使用船は、千九百噸の新造客船首里丸及び大義丸の二隻で、船室の完備せるは申すまでもなく、兩船共無線電信を設備して居ります。

巌窟の中に構

大島各島線　毎月八回、鹿児島を出帆し、喜界島、大島の名瀬、古仁屋及び德之島、沖永良部島、與論島の大島各島間を往復する定期航路であります。

大島十島線　毎月一回、鹿児島發、竹島、硫黄島、黒島、口ノ島、中ノ島、臥蛇島、平島、諏訪瀬島、惡石島、寶島、名瀬間を往復する命令航路であります。

大島十島（四ケ島）線　毎月一回、鹿児島發、硫黄島、口ノ島、中ノ島、寶島、名瀬間を往復する命令航路であります。

首里丸

島、中ノ島、寶島、名瀬間を往復する命令航路であります。**那覇基隆線** 毎週一回、那覇發、宮古、八重山、西表、基隆間を往復する臺灣沖縄間唯一の命令航路であります。使用船は二千五百噸の湖北丸と湖南丸の二隻で、無線電信を設備せる優良客船であります。

…鵜戸神宮

主なる名所

〔内海港附近〕**靑島** 内海港より汽車で三十分許り北上し、靑島驛にて下車すれば、海中に美しい小島が泛んで居て、滿潮の際は橋を亙りますが干潮の際は徒歩でも渉る事が出來ます。周圍十二町の島上には、蒼々亭々として繁茂する蒲葵樹、其他の珍らしい熱帶植物が全島に叢生し、風趣寔に珍奇に、植物研究家に非ずとも、必ず杖を曳くべき所であります。**官幣大社宮崎宮** 靑島より汽車にて約四十分、宮崎の北方三十町、境内廣濶、社殿壯麗なる宮崎宮があります。神武天皇を祀り、宮の西北、古市は御東征の宮趾で、我國發祥の地とも申すべき地であります。

〔油津港附近〕**梅ケ濱** 油津より一坂越へて廣手川に至る海濱でありまして、白砂靑松、奇巖沙汀に列峙せる秀麗なる勝地であります。**官幣大社鵜戸神社** 梅ケ濱より約二里北上し、鵜戸村吹毛井の東北、鵜戸岬の絶端に行けば、豪壯なる官幣大社鵜戸神宮があります。鵜草葺不合尊の御降誕地であつて、社殿は幽邃なる巖窟に座し、二柱石、御船石、扇石、夫婦石等の奇岩怪石亂立し、波濤は巖に猛りて、雷と轟き、雪花と散る、頗る雄渾なる靈地であります。**油津より南下** すれば、海潮の出入更に錯綜を極め、奇勝に滿ちて居ります。

名瀬港

〔鹿兒島附近〕**鹿兒島** 慶長年間、島津家久氏の此地に據りて以來、星霜三百餘年、剛健無比の薩摩隼人の雄名を西海に馳せたる處、錦江灣に臨み櫻島に對し、南部九州の代表都市であります。**鶴丸城址** 市の西北城山の麓にあり元島津氏の居城にて、今も櫓門の跡と、石垣と、壕とを傳へ、昔時の面影を偲ばしむるものがあります。眺望亦絶佳にして、前面に秀麗なる櫻島を望み、市街を一眸に收むる事が出來ます。**城山公園** 境域廣からねど、脚下には鹿兒島市街が展開し、櫻島は蒼海に泛びて、噴煙棚引き、遙かに霧島山を遠望して眺望絶佳。**岩崎谷** 西郷南洲翁が悲壯なる最後を遂げし岩崎谷は、山後の狹谷にて、翁等の起臥した土窟が存してゐます。**淨光明寺** 市内下龍尾町にあり、南洲翁、桐野、篠原、村田等の諸勇將を始め徒弟八千の遺骨悉く葬られてゐます。**相國寺** 市の南方にありて、僧月照の墓があります。**照國神社** 城山の麓にあり、幕末の明主島津齊彬公を祀つてあります。**櫻島** 對岸の櫻島は、渡船一時間許りで行けます。今尚噴火を續け、麓に古里、有村、黑神等の温泉があります。**其他** 鹿兒島より汽車にて、官幣大社霧島神宮、高屋山陵等に詣で、或ひは霧島山麓一帶に散在する温泉巡り、或ひは霧島登山等、興味津々たる旅行が出來ます。

那覇港

〔屋久島大島附近〕**鬼界島** 周圍凡そ三里、往昔、僧俊寬の流されたる所、俊寬の筆投石、足摺石等の古蹟があります。**大島** 周圍五十九里餘、名瀬港は島中唯一の要津であります。住民の風俗は、琉球に近く、氣候は既に熱帶に屬して湯灣岳には岩石の間に蘇鐵が密生して、豐かなる南國の風光を見る事が出來ます。

〔那覇附近〕**那覇市** 人口約六萬、沖縄全島の政治、經濟の中心で、今や築港完成して、大小の船舶常に輻輳し、殷賑を極めてゐます。**波上宮** 市の西北に當り、海上に屹立せる絶壁の上に建てられた神社で、伊弉諾命、事解男命、速玉男命を合祀せる官幣小社であります。寶物としては國寶の朝鮮の古鐘があります附近は風光明媚、市民行樂の地となつてゐます。**護國寺** 波上宮の石階を上る手前に在る眞言宗の古刹で、境内に有名なる「波上の眼鏡」の異名にて縣民に慕はれた、英人宣教師ベッテルハイムの碑があります。**天尊廟** 市の中央に在り、道教の廟祠として沖縄に殘る唯

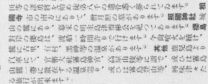

首里城王門

一のもので、本尊の天尊像は傑作の名高いものであります。**奥武山公園**（おうのやま） 市の南方に當り、漫湖の稱ある入江の小島に設けられた市唯一の公園であります。園内には松樹多く、老松の茂みの間から江を距てゝ市街を望む景趣は棄て難いものがあります。**墳墓** 琉球で最も旅人の眼を引くものは、墓でありますが、市の辻原には殊に多數の墓があり、奇觀を呈して居ります。

〔**首里附近**〕**崇元寺** 那覇から首里へ行く軌道に沿ふて在る琉球王家の廟所で、琉球建築の傑作として伊東忠太博士の推賞せられた石門があります。**首里市** 舊王城の在る所、今や政治の中心は那覇に移つて市内は古雅閑寂、石鱗苔蔓に古都の俤をとゞめて詩情自ら溢るゝものがあります。**舊王城** 市の中央丘上に位置し、規模宏壯。往時、歴代國王の永く此處を居城とし、琉球全島を支配せし所謂「百浦添御殿」も久しく修復のことなく城壁、樓門など徒らに荒廢して、そゞろに旅人の涙を誘ふものがあります。城の内外には、守禮門、歡會門、瑞泉門、正殿等見るべき幾多の美しい古建築があります。**圓覺寺** 山號を天德山と稱し、禪宗の本山で、尙家の菩提所であります。その昔、尙眞王が京都の芥隱禪師を請じて建立したもので、琉球第一の名刹であります。堂宇實に壯麗、七堂伽藍整然と今に殘つてゐます。**圓鑑池** 圓覺寺の前面に在る蓮池で、中央の小島に辨才天を祀る御堂が建つてゐます。**龍潭** 王城の下、尙侯爵家の前に在り、幽邃蒼古の氣漂ふ古池であります。昔は重陽の節に爬龍船を浮べて支那の冊封使を饗應したと云ふことであります。

〔**宮古八重山島附近**〕 砂糖、牛馬、上布、海產物等を產し、其の邊りの海では時として巨鯨群泳して潮を吹く壯觀を呈します。

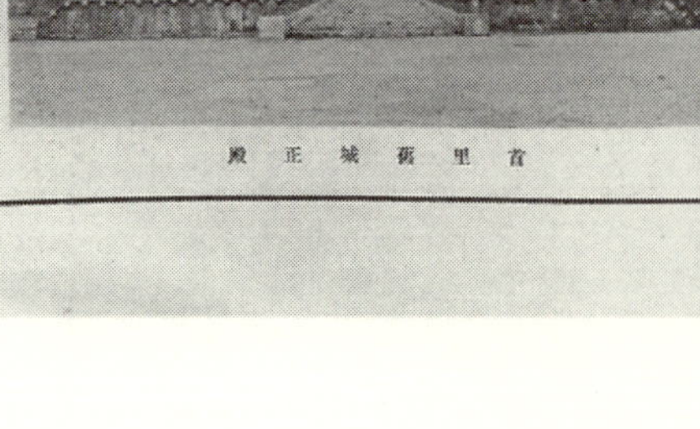

首里舊城王殿

（六、九、八、八）（大阪 [illegible]）

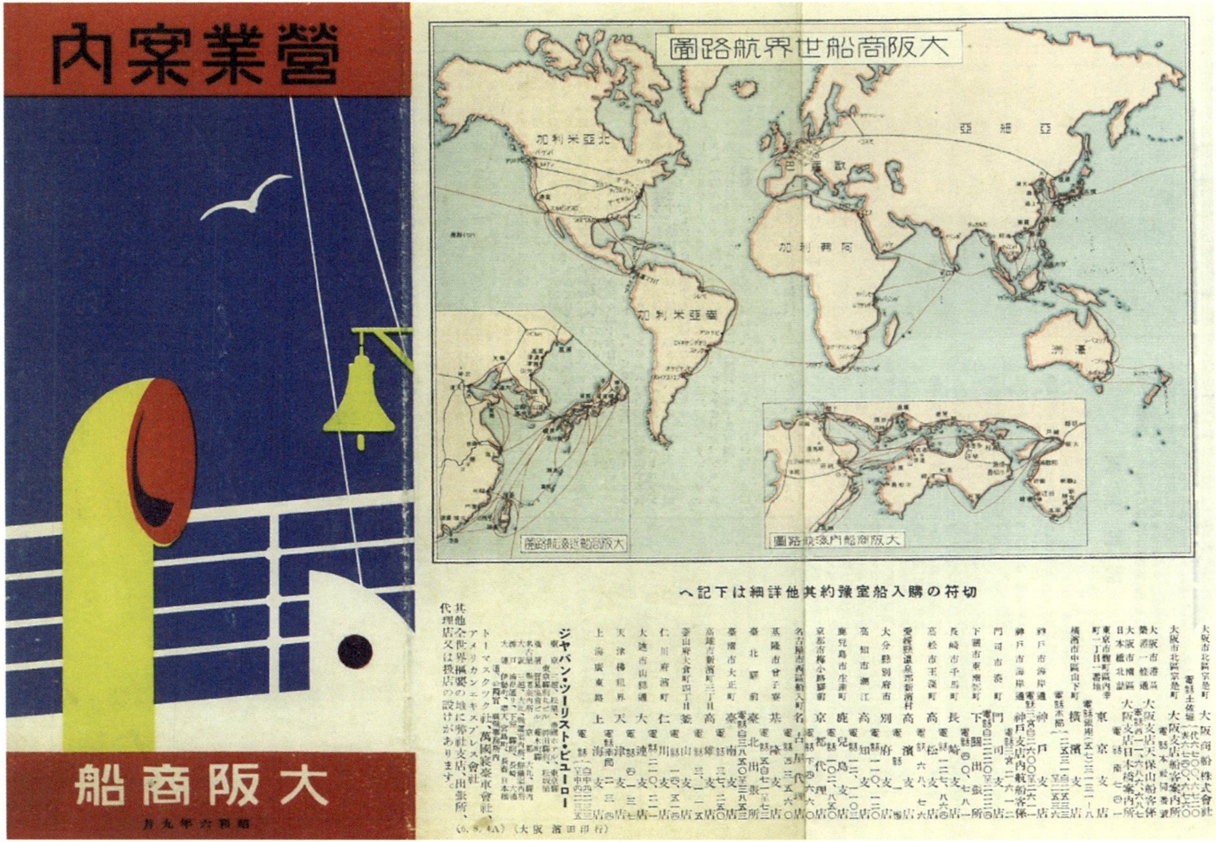

営業案内
大阪商船
昭和六年九月
大阪商船世界航路圖
大阪商船近海航路圖
大阪商船内海航路圖
切符の購入船室豫約其他詳細は下記へ
大阪商船株式會社
大阪支店船客案内所
大阪支店天保山船客係
大阪支店日本橋案内所
東京支店
横濱支店
神戸支店
神戸支店内航船客係
門司支店
下關出張所
長崎支店
高松支店
別府支店
ジャパン・ツーリスト・ビューロー
其他全世界樞要の地に弊社支店、出張所、代理店又は扱店の設けがあります。

すみれ丸一等食堂

すみれ丸

すみれ丸一等室

晝便

下り	大阪發	神戸發	高松發	今治發	高濱發	別府着
晝便	後二時	後三時四十分	後九時二十分	｜	前四時三十分	前十時
晩便	後八時二十分	後十時	｜	前七時二十分	前九時四十分	後三時

上り	別府發	大分發	高濱發	今治發	高松發	神戸着	大阪着
晝便	後〇時三十分	後一時二十分	後六時五十五分	後九時二十分	｜	前六時三十分	前八時十分
晩便	後六時	後六時四十分	後十二時	｜	前六時五十分	前十一時三十分	後一時

阪神下り晝便は翌朝高濱、別府に到着しますので商用など御急ぎの旅行に宜敷、晩便は其日の午前東京發の三等特急及一二等特急に神戸で接續する樣になつて居ります。別府に御上陸、溫泉に一浴後日豐線、豐肥線等により小倉、門司方面、宮崎、都城、鹿兒島方面、或は阿蘇、熊本方面に向へば其日の中に到着致します。

別府大分よりの上り晝便は神戸午前發の上り一二等特急及三等特急に接續致します。晩便は夕方別府を出發して翌朝高松に寄港致しますので御入湯の歸途或は御上阪の途中、栗林公園、屋島、琴平等に御遊びになるのに御便利であります。

船客運賃、阪神高松間三等三圓、二等六圓、一等九圓、阪神今治間三等四圓五十錢、二等九圓、一等十三圓五十錢、阪神高濱間三等五圓、二等十圓、一等十五圓、阪神別府間三等六圓、二等十二圓、一等十八圓。

大阪高松多度津線 千三百五十噸の大信丸、大智丸の二隻が、毎日午後八時四十分大阪、同十時四十分神戸發、翌朝五時十分高松、同六時五十分坂出、同七時四十分多度津着、多度津午後七時、坂出同八時十分、高松同十時半發翌朝五時半神戸、同七時半大阪着の定期で往復してゐます、善通寺、金刀比羅宮參詣、栗林公園、屋島遊覽の讃岐巡りには是非御利用下さい。船客運賃、阪神高松間三等三圓、二等六圓、一等九圓、阪神坂出間三等三圓二十錢、二等六圓四十錢、一等九圓六十錢、阪神多度津間三等三圓三十錢、二等六圓六十錢、一等九圓九十錢。

大阪勝浦急航船 溫泉と名所と古蹟の繪卷物とも謂ふべき南紀へは千六百噸級のヂーゼル純客船むろ丸なち丸が、毎日午後九時大阪、同前〇時卅分和歌浦發、翌朝四時半田邊着、同八時串本着、同八時半古座着、同九時四十分勝浦着、同日後六時勝浦發、古座、串本、田邊、和歌浦を經て翌早朝大阪着の定期で往復してゐます。白濱、湯崎、勝浦諸溫泉への入湯に、潮岬、那智大瀧、新宮、瀞峽の見物に、熊野三山の參詣に御利用下さい。船客運賃、大阪田邊間三等二圓四十錢、二等四圓八十錢、一等七圓二十錢、大阪串本間三等三圓七十錢、二等七圓四十錢、一等十一圓十錢、大阪勝浦間三等四圓十錢、二等八圓二十錢、一等十二圓三十錢。

大阪小松島線 大阪、兵庫、和歌浦(朝便のみ寄港)、小松島間を毎日朝晩二回往復してゐます。船客運賃、阪神小松島間三等一圓八十錢、二等三圓六十錢、一等五圓四十錢、和歌浦小松島間三等一圓六十錢、二等三圓二十錢、一等四圓八十錢。

大阪高知線 毎日一回、大阪、神戸、高知間往復。船客運賃、三等三圓六十錢二等七圓二十錢、一等十圓八十錢。

大阪山陽線 毎日一回阪神より坂手、高松、多度津經由、山陽各港に寄港して門司に往復、寒霞溪、鞆、阿伏兎觀音、尾道水道、音戸瀨戸、吳、宇品、宮島、錦帶橋見物に便利。船客運賃、阪神より坂手へ三等二圓四十錢、鞆へ二圓七十五錢、尾道へ二圓八十錢、宮島へ三圓三十五錢、門司四圓六十錢。

宮島遊覽船 毎土曜日午後六時三十分大阪、同八時三十分神戸發、翌朝九時三十分宮島着、同日午後三時二十分宮島發、同四時四十分岩國發、月曜日午前五時半神戸、同七時半大阪に歸着する遊覽船で、宮島や岩國の錦帶橋遊覽に最も便利。船客運賃、三等阪神宮島間片道三圓五十錢、往復六圓、二等片道七圓、往復十二圓、一等片道十圓五十錢、往復十八圓。

宇品別府線 山陽と別府大分を連絡するもので、毎日一回(毎木曜日に限り休航)宇品別府兩地發、宮島、柳井、鶴川、大分寄港。船客運賃、宮島別府大分間三等二圓七十錢、二等五圓四十錢、一等八圓十錢。

大阪大分線 毎日一回阪神發、四國經由大分別府往復。

大阪鹿兒島線 毎奇數日阪神發、高濱、臼杵、土々呂、內海、油津、福島、波見、鹿兒島往復。

大阪那覇線 毎月六日、十二日、十八日、廿四日、卅日の五回、大阪午後二時發、翌正午神戸發、四日目午後二時名瀨着、五日目午前八時半那覇着、三千五百噸の臺中丸、臺南丸就航。船客運賃、阪神名瀨間三等八圓、二等二十圓、一等三十圓、阪神那覇間三等十圓、二等廿六圓、一等卅九圓。

鹿兒島那覇線 毎月十回鹿兒島、名瀨、那覇間往復。船客運賃、鹿兒島名瀨間三等四圓、二等十圓、一等十五圓五十錢、鹿兒島那覇間三等六圓、二等十六圓、一等廿五圓。

大島各島線 毎月八回大島各島間を定期航海。

以上の外、我社は內海、近海、遠洋に亘り常に多數の臨時船を使用して、交通運輸の便を計つて居ります。海外御渡航に、御遊覽に、見學旅行に、貨物の運送に、常に我社を御利用下さい。

御注意 各航路別に詳細な案內書を準備してゐますから、本社又は各地支店代理店に御請求下さい。御定期や運賃は時に變更がありますから豫め御諒承願ひます。

營業案內

（昭和六年八月）

吾社の歴史

吾社は、明治十七年五月一日、資本金壹百貳拾萬圓を以て創立、當時の所有船舶一萬七千噸、僅に瀬戸内海沿岸の航運に從事する一小汽船會社でありましたが、爾來四十有餘年、其内容は日に月に充實し、經營は年を逐ふて擴大し、現在では資本金壹億圓、所有船舶約百四十隻、總噸數は五十五萬噸を超へ、營業區域は全世界に亘り、定期航路は五十餘線に及ぶ世界屈指の大汽船會社となりました。

遠洋航路

歐洲線　八千噸級のあらすか丸型五隻の貨物船を以て、毎月一回、日本と歐洲間を往復して貨物の輸送に從事してゐます、往航は、横濱を發し、神戸、大連、上海、香港、新嘉坡、古倫母、アデン、スエズ、ポートサイドを經由して、倫敦、ロッテルダム、漢堡、ダンカーク、安土府に至り、復航は安土府を發し、ロッテルダム、ブレーメン、漢堡、ポートサイド、スエズ、新嘉坡、香港、上海を經て神戸、大阪、横濱に歸着します。

紐育線　八千五百噸級の最新式ヂーゼル快速貨物船六隻を以て、月約二回、支那、日本、紐育間の定期航海に從事してゐます。往航は、香港を發し、基隆、上海、大沽、大連、神戸、四日市、清水、横濱、羅府に寄港し、巴奈馬運河を通過して、紐育に直行、後ボストン、費府、ボルチモアに至り、復航は、紐育より巴奈馬運河、羅府經由、横濱、神戸、（大阪）、上海、香港に歸着致します。

船は畿内丸、東海丸、山陽丸、北陸丸、關東丸、關西丸の六隻で、速力十八浬半、横濱、羅府間を十一日、横濱、紐育間を廿八日の短時日に航海する世界に比類無い優秀貨物船であります。目下同型船二隻を建造中、昭和七年秋より就航の豫定。

南米線　日本郵船會社との協調により、同社の南米東岸線が撤退しましたので、我社は從來の阿弗利加線を南米に延長する事となりました。それで日本南米間には從來の世界一周線と、阿弗利加延長線の二線が毎月二回出帆致しますので、南米への交通は一層便利になりました。

世界一周線　一萬噸級の新造ヂーゼル客船ぶえのすあいれす丸、りおでぢやねろ丸、及びさんとす丸、らぷらた丸、もんてびでお丸が就航して、毎月一回横濱、神戸を出帆、香港、西貢、新嘉坡、古倫母、ダーバン、ケープタウン經由、南米のリオデジヤネロ、サントス、モンテビデオ、ブエノスアイレスに至るもので、神戸サントス間一萬二千四百五十一浬を僅々四十六日で走破致します。復航は、ブエノスアイレスよりサントス、リオデジヤネロ、ビクトリア、ニューオリンス、ガルベストンに寄港し、パナマ運河、ロスアンゼルス經由横濱に歸着する世界一周の大航路であります。往航ポートエリザベス、復航ベレム、ヒユーストンに寄港することもあります。客室設備は一等と三等とあり、一等は歐米の優秀船に劣らぬ設備を有し、三等も二等に匹敵する設備となつてゐます。

船客運賃　日本よりケープタウンへ一等五百八十圓、三等二百圓、リオデジヤネロ、サントスへ一等八百三十五圓、三等二百廿五圓、モンテビデオ、ブエノスアイレスへ一等九百廿圓、三等二百廿五圓、世界一周運賃一等千九百圓。

阿弗利加線　一萬噸級のあふりか丸、あらびあ丸、ありぞな丸、はわい丸、まにら丸の五隻が、月一回横濱出帆、名古屋、大阪、神戸、門司、香港、新嘉坡、古倫母、モンバサ、ザンジバル、ダレサラム、ベイラ、ローレンスマルクス、ダーバン、ポートエリザベス、ケープタウン經由、リオデジヤネロ、サントス、ブエノスアイレスに至り、復航はブエノスアイレスより、サントス、リオデジヤネロ、ケープタウン、モツセルベー、ポートエリザベス、イーストロンドン、ダーバン、ローレンスマルクス、モンバザ、ザンジバル、新嘉坡を經由して内地に歸るものであります。船客運賃、神戸より香港へ一等百廿五圓、三等卅圓、新嘉坡へ一等百八十圓、三等四十八圓、古倫母へ一等三百卅圓、三等八十三圓、モンバサへ一等四百七十圓、三等百五十五圓、ザンジバル、ダレサラムへ一等四百七十圓、三等百六十圓、ダーバンへ一等五百圓、三等二百圓、ケープタウンへ一等五百卅圓、三等二百圓、リオデジヤネイロ、サントスへ一等七百六十圓、三等二百廿五圓、ブエノスアイレスへ一等八百圓、三等二百廿五圓。

蓬萊丸

孟買線　六千噸級の貨物船を配し、毎月二回、横濱、名古屋、四日市、大阪、神戸、門司、香港、新嘉坡、彼南、ペラワンデリー、古倫母、孟買、カラチ間を往復して貨物の運輸に從事してゐますが、一等船客も搭載する事になつて居ります。船客運賃、神戸孟買間一等四百五十圓（貨物船は二割引）。

甲谷陀線　六千噸級の貨物船を以て、毎月二回、横濱、名古屋、大阪、神戸、門司、香港、新嘉坡、彼南、ペラワンデリー、蘭貢、甲谷陀間を往復するもので、一等便乘客を搭載致します。船客運賃、神戸より蘭貢へ一等二百九十圓。甲谷陀へ一等三百五十圓（但し貨物船は二割引）

濠洲新西蘭線　六千噸級の新造快速ヂーゼル貨物船しどにい丸外二隻を以て、毎月一回、横濱發、名古屋、大阪、神戸、門司、香港、馬尼刺、ブリスベン、シドニー、メルボルンを經て新西蘭のウエリントン、オークランドに往復して居ります。

東洋航路

神戸基隆線　一萬噸級の最新式優秀快速大客船、蓬萊丸、扶桑丸、瑞穗丸の三隻を以て神戸、門司、基隆間を往復する内地臺灣聯絡の幹線にて、内地及臺灣の主要驛にて聯絡切符を發賣して居ります。神戸よりは二週三回、正午出帆、翌正午門司發、中一日を海上に過して、三日目の午後一時頃基隆に到着致します。船客運賃、神戸基隆間一等六十五圓、二等四十五圓、三等二十圓、門司基隆間一等五十五圓、二等三十七圓、三等十八圓。

臺灣東沿岸線　月六回、基隆發、蘇澳、花蓮港、臺東、大板埒、高雄間を往復し

ぶえのすあいれす丸 喫煙室

ぶえのすあいれす丸

變を以て神戸、門司、基隆間を往復する内地臺灣聯絡の幹線にて、内地及臺灣の主要驛にて聯絡切符を發賣して居ります。神戸よりは三週三回、正午出帆、翌正午門司發、中一日を海上に過して、三日目の午後一時頃基隆に到着致します。船客運賃、神戸基隆間一等六十五圓、二等四十五圓、三等三十圓、門司基隆間一等五十五圓、二等三十七圓、三等十八圓。

臺灣東沿岸線 月六回、基隆發、蘇澳、花蓮港、臺東、大板埒、高雄間を往復してゐます。毎月往航一回火燒島、紅頭嶼、復航三回新港に寄港致します。船客運賃、基隆より蘇澳へ一等十圓五十錢、二等六圓、三等三圓五十錢、花蓮港へ一等十六圓、二等九圓、三等五圓五十錢、臺東へ一等廿一圓、二等十三圓、三等七圓。

臺灣西沿岸線 毎月二回、基隆發馬公、高雄間を往復してゐます、高雄線沿中馬公へ三回往復することになつてゐます。船客運賃、基隆馬公間一等廿一圓、二等十三圓、三等七圓。高雄馬公間一等十圓五十錢、二等六圓、三等三圓五十錢。

蘇澳花蓮港連絡線 毎日一回、蘇澳花蓮港間を往復してゐます。船客運賃、一等十圓五十錢、二等六圓、三等三圓五十錢。

基隆香港線 毎週日曜日基隆發、二千八百噸級の優秀船廣東丸、鳳山丸を使用し、厦門、汕頭、香港間を往復してゐます。船客運賃、基隆より厦門へ一等十八圓、二等十三圓、三等六圓、汕頭へ一等三十六圓、二等廿四圓、三等十三圓、香港へ一等五十四圓、二等卅六圓、三等十八圓。

高雄廣東線 二週一回、高雄發、厦門、汕頭、香港、廣東間を往復してゐます。船客運賃、高雄より厦門へ一等十八圓、二等十二圓、三等六圓、汕頭へ一等卅六圓、二等廿四圓、三等十二圓、香港へ一等五十四圓、二等卅六圓、三等十八圓、廣東へ一等六十三圓、二等四十二圓、三等廿一圓。

高雄天津線 毎月三回、高雄出帆、基隆、福州、上海、青島、天津に至り、復航大連、上海、福州、基隆を經て高雄に歸着致します。船客運賃、基隆より上海へ一等四十五圓、三等十五圓、青島へ一等七十二圓、三等廿四圓、天津へ一等八十四圓、三等廿八圓、大連へ一等九十圓、三等卅圓。

基隆福州厦門線 毎月三回、基隆發、福州、厦門間を往復し、復航淡水に寄港します。船客運賃、基隆福州間一等十八圓、二等十二圓、三等六圓。

那覇基隆線 毎週一回土曜日那覇發、宮古、八重山、西表、基隆間を往復してゐます。船客運賃、那覇基隆間一等卅圓、二等廿圓、三等十圓。

蓬萊丸社交室

高雄横濱線 毎月八回、高雄を出帆、横濱に直航し、名古屋、大阪、神戸、宇品門司、長崎、基隆、馬公、安平經由高雄に歸着するものであります。船客運賃、長崎基隆間特等廿七圓、並等十八圓、高雄横濱直航運賃、特等五十五圓、並等廿六圓。

南洋線 六千噸級の貨客船四隻を以て、毎月二回、横濱發、名古屋、大阪、神戸、門司、基隆、マニラ、タワオ、スラバヤを經てジャバ各港に至り、復港はスラバヤよりマカツサ、タワオ、香港、厦門、高雄、基隆を經由内地に歸ります。船客運賃、神戸スラバヤ間一等百七十圓、三等七十圓、往復切符神戸－スラバヤ－基隆間、一等二百六十五圓、三等百圓。

西貢盤谷線 四千五百噸の貨客船すらばや丸、ばたびや丸の二隻を以て月一回横濱發、名古屋、大阪、神戸、門司を發し、サイゴン、バンコツク間を往復して貨客の運送に從事して居ります。

香港海防線 毎月二回、香港、海口、北海、海防間を往復してゐます。船客運賃、香港より海口へ一等廿五圓、三等八圓、北海へ一等五十圓、三等十六圓、海防へ一等六十圓、三等廿圓。

比律賓線 日本比律賓間唯一の直航線でありまして、六千噸級のめきしこ丸、まかご丸及がんぢす丸の三隻を以て毎月二回、横濱、名古屋、大阪、神戸、門司、長崎、マニラ、セブ、ザンボアンガ、ダバオ間を往復して貨客の運輸交通に從事してゐます。船客運賃、神戸よりマニラへ一等百四十圓、三等四十圓、セブへ一等百六十五圓、三等五十五圓、ダバオへ一等百八十圓、三等六十圓。

大阪大連線 滿蒙開發の先驅として六千四百噸の快速優秀船うらる丸、ばいかる丸、はるびん丸、香港丸の四隻を以て、三日一回、正午神戸發、翌午後一時門司發、三日目早朝大連着の定期にて往復して居ります。内地及南滿洲鐵道主要驛にて船車連絡切符を發賣。船客運賃、神戸大連間一等六十五圓、二等四十五圓、三等十九圓、門司大連間一等五十五圓、二等卅七圓、三等十七圓。

大阪天津線 本航路には他に比類なき最新最美最大の二千六百噸の快速デーゼル客船長城丸、長安丸、長江丸の三隻を以て、二週三回、阪神、門司、天津間を往復（舊船芝罘寄港）して居ります。内地主要驛で船車連絡切符を發賣。船客運賃、神戸天津間一等A室七十圓、B室六十圓、並等廿二圓、門司天津間一等A室六十圓、B室五十圓並等十九圓。

横濱天津線 毎週一回、二千六百噸の貨客船武昌丸、河南丸及貴州丸が、横濱、名古屋、大阪、門司、大連、天津間を往復、貨客の運送に從事してゐます。船客運賃、横濱より大連へ特等五十圓、並等廿二圓、天津へ特等五十五圓、並等廿五圓、名古屋より大連へ特等四十五圓、並等十九圓、天津へ特等五十三圓、並等廿三圓。

大阪青島線 四千噸の泰山丸にて、毎月二回、阪神、門司、青島間を往復してゐます。内地主要驛にて船車連絡切符を發賣、船客運賃、阪神青島間一等六十九圓二等四十六圓、三等廿圓、門司青島間一等五十七圓、二等卅八圓、三等十六圓。

大阪清津線 毎月四回、阪神、關門、釜山、浦項、元山、西湖津、城津、清津、雄基間を往復してゐます。船客運賃、阪神より釜山へ一等十四圓、三等七圓、元山へ一等二十八圓、三等十四圓、城津へ一等三十四圓、三等十七圓、清津へ一等三十六圓、三等十八圓、雄基へ一等四十圓、三等二十圓。

大阪仁川線 千三百噸級の貨客船にて、毎月五、六回、阪神、關門、木浦、群山、仁川間を往復してゐます。

内地航路

大阪別府線 世界の公園瀬戸内海を航行して、商工都市阪神と、温泉の都別府とを結ぶもので毎日晝夜二回大阪神戸及び別府大分から相互出帆、高松、今治、高濱に寄港して、阪神四國九州を連絡する瀬戸内海の遊覽船であります、使用船は我國沿岸航路最大最美の純客船みどり丸、すみれ丸(千七百噸)むらさき丸、くれなゐ丸(千六百噸)及快速船屋島丸の五隻で左記定期で發着して居ります。

うらる丸一等食堂

うらる丸

沖縄航路案内
大阪商船
沖縄航路案内
大阪商船

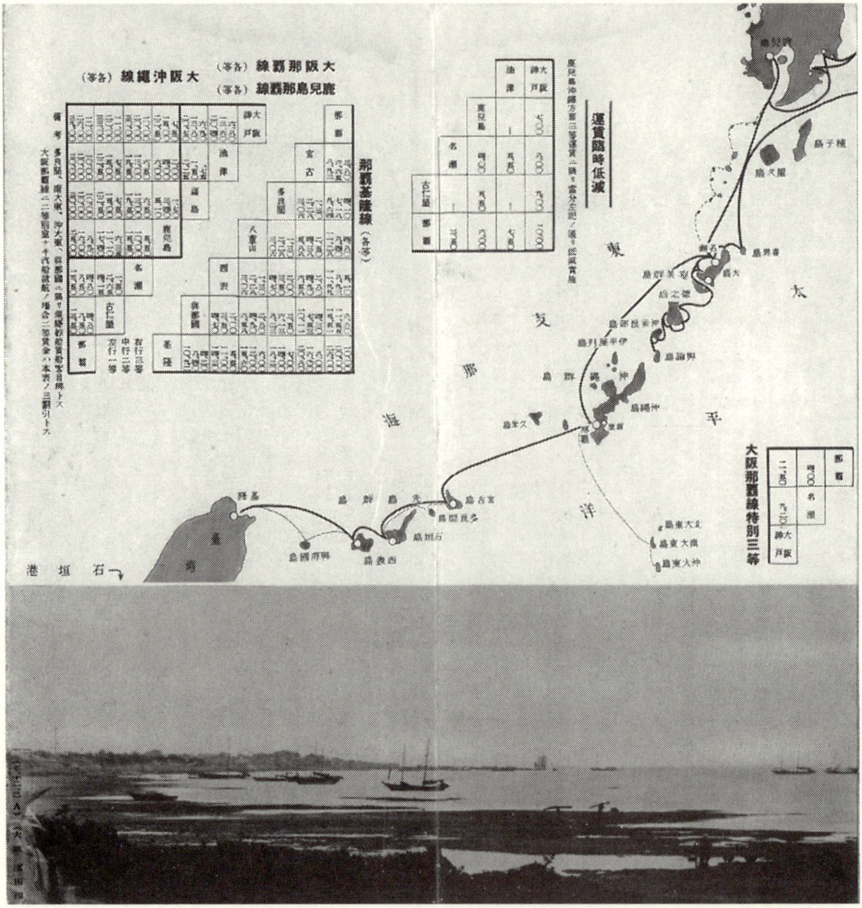
大阪沖繩線（各等）
大阪那覇線（各等）
鹿児島那覇線（各等）
那覇基隆線（各等）
運賃臨時低減
大阪那覇線特別三等
東支那海
太平洋
石垣港
種子島
屋久島
喜界島
大島
徳之島
沖永良部島
與論島
伊平屋列島
沖繩島
宮古島
多良間島
石垣島
西表島
與那國島
基隆
臺灣

沖縄航路案内

昭和七年十二月發行

南海の蒼波に浮ぶ列島、帝國の南を護る島々、亞熱帶の天地に生々躍動する萬物、それが九州の南端から臺灣に連らなる奄美群島であり、沖繩列島であります。有史以來年々歳々颱風の暴虐と惡戰苦鬪しつゝも、お伽噺のやうな王國を明治まで維持して來た琉球、甘蔗と、砂糖と、バナナと、ハブ（其實旅行者には殆ど見る事は出來ませんが）と、アンガーと蛇皮線と、泡盛と琉球燒を名物にもつ琉球、大島紬で餘りにも名高い大島、僧俊寛や大西郷の史蹟のからまる奄美群島、其處には昔ながらの質朴な人情と、奇異な風俗と、外國語のやうな言葉と、南國特有の燃ゆる熱情が旅の人々を待ちもうけてゐます。蘇鐵の山、蟠踞する榕樹の巨木、バナナの林、パパヤの木、水邊に密生する熱帶樹マングローブ等々、物みな珍奇と探勝の好題材とならないものはありません。ローマンスを尋ねて、南の國沖繩へ旅行せうではありませんか。

奄美群島と沖繩へは阪神及鹿兒島から、我社の左記諸航路が、唯一の交通路となつて居ります。

大阪那覇線 政府の命令航路で、毎月五回、六日、十二日、十八日、廿四日、三十日（二月は六日、十二日、十八日、廿三日、廿八日）大阪及び那覇の兩地から出帆致します。大阪を午後二時、神戸を翌日正午出帆して、中一日を海上に過し、三日目午後二時大島の名瀬港、其翌午前八時三十分沖繩の那覇港に到着する、本州沖繩間の最捷路であります。使用船は、三千二百噸の大客船、臺中丸、臺南丸の二隻で、客室は現代的に完備し、一、二等は洋風室、三等は廣濶な疊敷となつて居ります。尚本船は、無線電信及び電話の設備がありますので、航海中自由に陸上と通信、通話が出來、船醫も乘船して居ります。

大阪沖繩線 毎月客船約二回、貨物船約三回、客船は、大阪神戸を出帆、鹿兒島、大島各港を經て、那覇に至る航路で、阪神より大島各島行旅客のために御便宜であります。また貨物船は荷客の都合により往航、高松、坂出、多喜濱、新居濱、波止濱、糸崎、門司、油津、細島、鹿兒島に寄港し、宮古、八重山に延航し、復航、名瀬、古仁屋、宇和島、八幡濱、門司に寄港し、又名古屋、横濱、東京、北海道にまで延航することもあります。

鹿兒島那覇線 政府の命令航路で、毎月一日、五日、八日、十一日、十五日、十八日、廿一日、廿五日及廿八日の九回（二月は廿八日兩地發なし）、鹿兒島、那覇兩地から出帆、鹿兒島午後五時發、翌日午後名瀬港、三日目午前那覇に着きます。使用船は、千九百噸の新造客船首里丸及び開城丸の二隻で、船室の完備せるは申すまでもなく、兩船共無線電信を設備して居ります。

大島各島線 日高丸、奄美丸を以て毎月八回、鹿兒島を出帆し、喜界島、大島の名瀬、古仁屋及び德之島、沖永良部島、與論島の大島各島間を往復する定期航路であります。

大島十島線 毎月一回、鹿兒島發、竹島、硫黄島、黒島、口ノ島、中ノ島、臥蛇島、平島、諏訪瀬島、惡石島、寶島、名瀬間を往復する命令航路であります。

大島十島（四ケ島）線 毎月一回、鹿兒島發、硫黄島、口ノ島、中ノ島、寶島、名瀬間を往復する命令航路であります。

那覇基隆線 毎週一回、那覇發、宮古、八重山、西表、基隆間を往復する臺灣沖繩間唯一の命令航路であります。使用船は二千五百噸の湖北丸と湖南丸の二隻で、無線電信を設備せる優良客船であります。

奄美大島名瀬港

遊覧地

大島十島 薩摩の南端から奄美大島に向つて羅列する島々、卽ち金島公稱竹に覆はれた竹島、治承年間僧俊寛の流された硫黄島、鬱然たる森林の黒島、口ノ島、活火山の中ノ島、臥蛇島、平島、惡石島、寶島等は何れも火山島で、現在も濛々たる噴煙をつゞけてゐる島もあります。

大　島 沖繩生成の二柱が降られたとの神話を持つ奄美大島は、人情風俗悉く沖繩諸島に酷似し、有名な大島紬の產地で、砂糖、鰹節と共に島の重要物產となつて居ります。併し人口過剩の島民を養ふべく天產は貧弱な上に、年々の暴風雨に災げられて島民は海外に、海上に、移民となり、船員となつて發展して居ります。名瀬港は島の主邑であり、大島紬の機の音が戸毎に洩れ、背後の山には蘇鐵やバナナが熟つて南國氣分を漂はせてゐます。德之島、沖永良部島、與論島等は隆起珊瑚礁の島で、沖永良部島は大西郷流謫の地であります。

那覇市 遠く數百年前の王國時代から、沖繩の商港として發達し來つた、那覇市は、今縣政の中樞地として駸々乎として發展してゐます。明治四十年起工した築港工事は總計二百三十萬圓の工費を投じ

那覇市全景

那覇市波の上神社

大阪那覇線　臺中丸　臺南丸 →

← 鹿兒島那覇線　首里丸

島は大西綴洸湖の地であります。

那覇市　遠く數百年前の王國時代から、沖繩の海港として發達し來つた、那覇市は、今縣政の中樞地として彌々手として發展してゐます。明治四十年起工した築港工事は總計二百三十萬圓の工費を投じて完成し、千噸乃至三四千噸級の船は、同時に五六隻を岸壁に繋留出來、市の人口六萬五百、與那原、嘉手納の各地とは汽車が連絡してゐます。へは電車を通じ、糸滿、與那原、嘉手納の各地とは汽車が連絡してゐます。

波上宮　市の西北の丘上に鎭座し、伊弉諾命、事解男命、速玉男命の三體を祀る官幣小社で、海に臨みて斷崖數十丈、壯觀な神域であり、絶佳の勝地でありますので、那覇市民は參詣に、散策に、納凉に、蝟集致します。波上神社の石段に登る手前に、眞言宗の名刹護國寺があります。

天尊廟　市の中央にあつて、沖繩に殘る唯一の道教廟で、本尊の天尊像は傑作と言はれてゐます。

奥武山公園　那覇港の水が奥深く入江となつた湖に浮ぶ中の島が奥武山公園と呼ばれてゐます。園内には松樹繁り閑雅幽邃の地で、沖繩開拓の名知事、那覇築港の計畫者奈良原男爵の銅像があります。

墳墓　那覇に來て全島到る處の墳墓を訪ねた時は其の偉觀に驚愕致しませう。沖繩では墳墓は一種の財產であつて、之が造營に數千圓を投じ、遺族を葬するものさへありと稱せられ、遺骸は一度び木棺に納められて墳墓に葬られますが、三年後には取出して強烈な泡盛酒で遺骨を洗ひ淨め甕に入れて永遠に安置致します。沖繩の墳墓は壯麗なる死の殿堂とも呼ばるべきでせう。

崇元寺　首里行電車の沿線に在り、舊國王尙家の廟所で、歷代の王と功臣を祀つてありますが、甚敷荒廢して居ります。

那覇の墓地

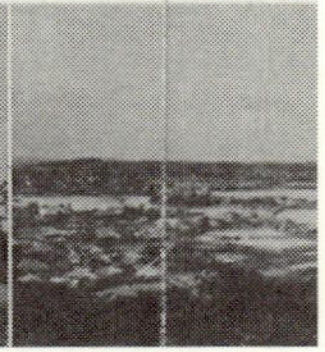

市全景

那覇港

自生する蘇鐵林

識名園　汽車與那原線一日橋驛の附近にあり、尙侯爵家の有で、園内には潺湲淙々の音をたてゝ流れ、林泉の美沖繩第一の名を得て居ります。

首里市　人口二萬餘、初代王國以來沖繩の首都として繁榮して來ましたが、那覇市に政治の中心が移つた今は、閑寂な舊都として僅に往昔の俤を遺すのみであります。

舊王城　歷代國王の永く此處を居城として沖繩全島を支配せし處、城廓の周圍約半里丘上に層々繞らして規模宏壯、「百浦添御殿」の名で知られた名城でありましたが、今は荒廢して、城壁、樓門いたづらに朽ち、下弦の月中天に掛る夜半など、うたゝ哀愁を覺えしめます。現存する守禮門、歡會門、瑞泉門、正殿等荒廢したりと雖琉球古建築として見るべき價値があります。

圓覺寺　その昔尙眞王が京都の芥隱禪師を請じて、尙家の菩提寺として建立せしめたもので、山門、鐘樓、大殿、僧房等七堂伽藍今に存し、古建築の粹を誇る沖繩第一の巨刹で、天德山と號し、禪宗の本山であります。

中城御殿　壯大な石垣を繞らし、往時は世子の御殿であつたのが、今は尙侯爵家の別邸となつて居ります。

龍潭池　中城御殿の前面に水草に蔽はれて沈默してゐますが、王朝華かなりし頃は爬龍船を泛かせて、支那の冊封使を饗應し、詩歌管絃の音が水面に鳴り亙つたと傳へられてゐます。

糸滿町　獨自の刳舟に乘じて洋上に活躍する海の勇者、白人の血を混ずると云

首里舊王城正殿

首里城守禮門

首里圓覺寺

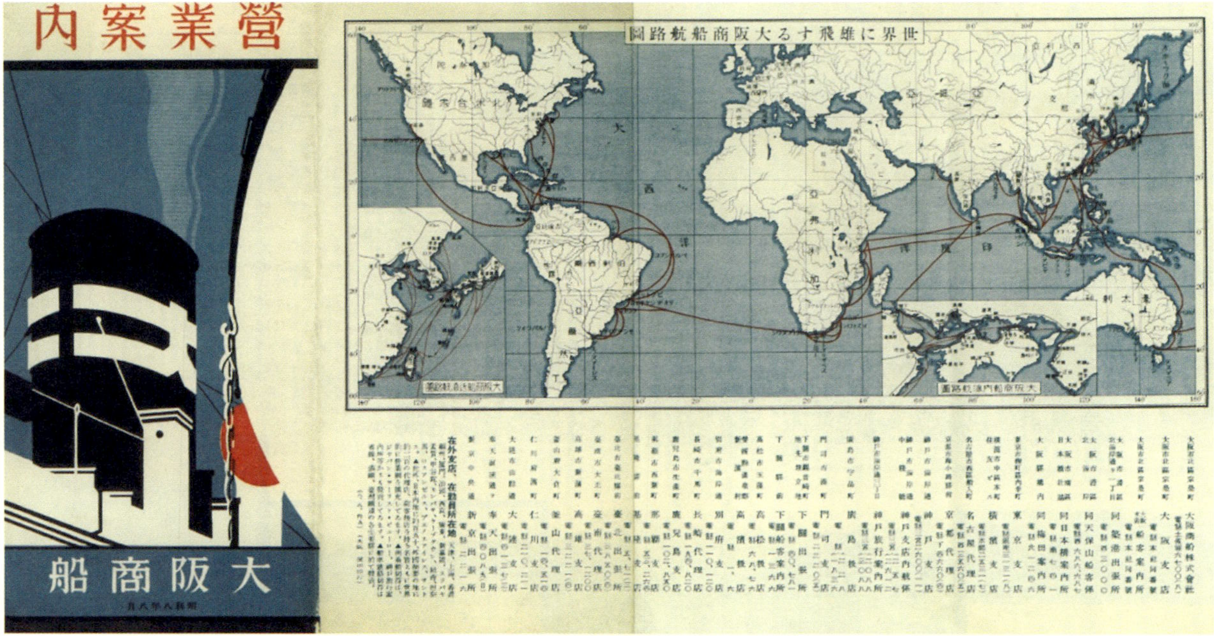
營業案內
大阪商船
昭和八年八月
世界に雄飛する大阪商船航路圖
大阪商船近海航路圖
大阪商船內海航路圖
大阪商船株式會社
大阪支店
船客案內所
同築港出張所
同天保山船客係
同日本橋案內所
同梅田案內所
東京支店
横濱支店
名古屋代理店
京都代理店
神戸支店
神戸支店內航係
神戸旅行案內所
廣島支店
門司支店
下關出張所
下關船客案內所
高松支店
別府支店
長崎代理店
鹿兒島支店
那覇支店
基隆支店
臺北出張所
臺南代理店
高雄支店
釜山代理店
仁川支店
大連支店
奉天出張所
新京出張所
在外支店、在勤員所在地

別府航路 綠丸　勝浦急行船那智丸　多度津航路大智丸　山陽航路 音戸丸

内地航路

大阪別府線　「世界の海上公園」瀬戸内海を航行して、商工都市阪神と泉都別府とを結ぶもので毎日晝夜二回大阪神戸及び別府大分から相互出帆、高松・今治・高濱・長濱に寄港して、阪神四國九州を連絡する瀬戸内海の遊覽船であります。使用船は我國沿岸航路最大最美の純客船みどり丸・すみれ丸(千七百噸)むらさき丸、くれなゐ丸(千六百噸)及快速船屋島丸の五隻。

船客運賃、阪神高松間三等三圓、二等六圓、一等九圓。阪神今治間三等四圓五十錢、二等九圓、一等十三圓五十錢。阪神高濱間三等五圓、二等十圓、一等十五圓。阪神長濱間三等五圓五十錢、二等十一圓、一等十六圓五十錢、阪神別府間三等六圓、二等十二圓、一等十八圓。

大阪勝浦急行船　温泉と名所と古蹟の繪巻物とも謂ふべき南紀熊野へは千六百噸級のヂーゼル純客船牟婁丸・那智丸が毎日一回大阪神戸發、和歌浦・田邊・串本・古座を經て勝浦に往復して居ります。白濱・湯崎・勝浦諸温泉への入湯に、潮岬・那智大瀧・新宮・瀞峡の見物に、熊野三山の參詣に御利用下さい。船客運賃、大阪田邊間三等二圓二十錢、二等四圓四十錢、一等六圓六十錢。大阪勝浦間三等四圓十錢、二等八圓二十錢、一等十二圓三十錢、一等十一圓十錢。

大阪山陽線　毎日二回阪神より坂手・高松・多度津經由、山陽各港に寄港して門司・小倉に往復、寒霞溪・鞆・阿伏兎觀音・尾道水道・音戸瀬戸・呉軍港・宮島・錦帶橋見物に便利。船客運賃、阪神より坂手へ三等二圓四十錢、鞆へ二圓七十五錢、尾道へ二圓八十錢、宮島へ三圓三十五錢、門司へ四圓六十錢。(本航路は尼崎汽船部と共同經營です)

宮島遊覽船　毎土曜日午後六時大阪、同七時四十分神戸發、翌朝八時三十分宮島着。同日午後三時四十分宮島發、同五時岩國發、月曜日午前五時三十分神戸、同七時半大阪に歸着する遊覽船で、宮島や岩國の錦帶橋遊覽に最も便利。船客運賃、三等阪神宮島間片道三圓五十錢、往復六圓、二等片道七圓、往復十二圓、一等片道十圓五十錢、往復十八圓。(六月、九月及十一月中旬より翌年二月下旬まで休航します)

廣島別府線　山陽と別府大分を連絡するもので、毎日一回(毎木曜日に限り休航)廣島午後八時發、別府午前八時發、宮島・柳井・鶴川・大分往復。船客運賃、宮島別府間三等二圓七十錢、二等五圓四十錢、一等八圓十錢。

大阪多度津線　毎日午後九時大阪天保山發、神戸、高松、坂出經由午前八時多度津着、多度津は毎日午後七時に出て坂出、高松を經て翌朝五時卅分神戸、七時卅分天保山着。阪神—高松間三等二圓七十錢、阪神多度津間三等二圓九十錢、二等は二倍、一等は三倍。

大阪那覇線　毎月五回、大阪午後二時發、翌正午神戸發、四日目午後二時名瀬着、五日目午前八時半那覇着、三千五百噸の臺中丸・臺南丸・就航。船客運賃、阪神名瀬間三等八圓、二等二十圓、一等三十圓、阪神那覇間三等十圓、二等廿六圓、一等卅九圓。

鹿兒島那覇線　毎月九回、鹿兒島、名瀬、那覇間往復。船客運賃、鹿兒島名瀬間三等四圓、二等十圓、一等十五圓五十錢、鹿兒島那覇間三等六圓、二等十六圓、一等廿五圓。

那覇基隆線　毎週一回土曜日那覇發、宮古、八重山、西表、基隆間を往復してゐます。船客運賃、那覇基隆間特別一等卅圓、一等廿六圓、二等廿圓、三等十圓。

大阪若松線、大阪大分線、大阪鹿兒島線　其他の貨客船航路も毎日出帆してゐます。

▲以上の外弊社は内海、近海、遠洋に亘り常に多數の臨時船を使用して交通運輸の便を計つて居ります。海外御渡航に、御遊覽に、見學旅行に、貨物の運送に、常に弊社船を御利用下さい。

▲各航路別に詳細な案内書を準備してゐますから、本社又は各地支店代理店に御請求下さい。尙定期や運賃は時に變更がありますから豫め御諒承願ひます。

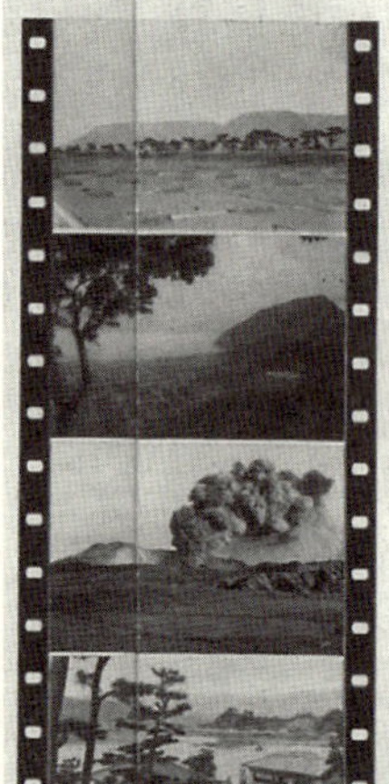

屋島　別府温泉　阿蘇山　勝浦温泉

營業案内

昭和八年八月發行

明治初年、大阪を中心とする海上運送業は、折から文明開化の風潮に乘つて着々と好成績を擧げ、その結果群小船會社の濫立となつたのでありますが西南役後、此等の小會社が結成の機運に達し、此處に大阪商船株式會社は生れました。時に明治十七年五月でした。當時は資本金百貳拾萬圓、使用汽船も一萬七千噸、航路浬數も四千九百八十六浬で、僅々瀬戸内海を營業範圍とするに過ぎなかつたのですが、爾來茲に半世紀昭和九年には五十周年を迎えやうとしてゐます。その間事業の擴張に伴ひ幾度も増資を疊し、拮据經營基礎愈々鞏固を告げ、資本金一億圓、堂々世界海運界に雄飛する一大海運會社として内外に隆々たる盛名をかち得、今や所有船舶總噸數五十五萬噸、地球上到る處の海面に航跡を印して定期航路五十餘線、航路延長實に三十二萬二千餘浬に達し、内容の充實と共に事業愈々進展の途上にあるのであります。

大阪商船株式會社

遠洋航路

南米航路世界一周線　設備の優秀と航路の大規模とに依つて世界的に有名な、我社の南米航路は一萬噸級のディーゼル客船ぶえのすあいれす丸、りおでぢやねろ丸及び七千五百噸級のさんとす丸、らぷらた丸、もんてびでお丸が就航して、毎月一回横濱發、神戸より南米渡航船客を滿載して出帆、香港・西貢・新嘉坡・古倫母・ダーバン・ケープタウン經由南米のリオデジヤネイロ、サントス、モンテビデオ、ブエノスアイレスに至るもので、神戸より、サントスまで、一萬二千四百五十一浬を僅々四十六日で航破致します。復航はブエノスアイレスよりサントス・リオデジヤネイロ・ビクトリア・ニユーオリンス・ヒユーストン・ガルベストンに寄港し、パナマ運河、ロスアンゼルス經由横濱に歸着する世界一周の大航路であります。（アマゾン流航船客御乘船の際はアマゾン河口ベレム港にも寄港）客室は一等と三等とあり、一等は歐米の優秀船に劣らぬ設備を有し、三等も他社船二等に匹敵する設備となつてゐます。

船客運賃はぶえのすあいれす丸、りおでぢやねろ丸をA級船とし、他の三船をB級船とし、日本よりケープタウンへ一等A六十三磅十五志、B五十八磅、三等洋食二十八磅（和食二割引）、リオデジヤネイロ、サントスへ一等A九十一磅、B八十三磅、三等洋食三十六磅（邦人和食率百二十五圓）、モンテビデオ、ブエノスアイレスへ一等A九十三磅、B八十五磅、三等洋食三十七磅（邦人和食率百二十五圓）、世界一周一等運賃A百九十磅、B百七十三磅。

阿弗利加航路南米延長線　我國對アフリカ貿易の第一線に立つ此の航路は、昭和六年より航路を南米まで延長し一萬噸級のあふりか丸、あらびあ丸、ありぞな丸、はわい丸、まにら丸の五隻を以て月一回横濱出帆、名古屋・大阪を經て、神戸にて南米渡航船客を滿載し、門司・香港・新嘉坡・古倫母・モンバサ・ザンジバル・ダレサラム・ベイラ・ローレンスマルクス・ダーバン・アルゴアベー・ケープタウン經由、リオデジヤネイロ・サントス・ブエノスアイレスに至り、復航はブエノスアイレスより、サントス・リオデジヤネイロ・ケープタウン・モツセルベー・ポートエリザベス・イースト・ロンドン・ダーバン・ローレンスマルクス・モンバサ・ザンジバル・新嘉坡を經て内地に歸るものであります。船客運賃、神戸より香港へ一等百四十圓、三等和食三十三圓、新嘉坡へ一等十六磅、三等和食五磅、古倫母へ一等二十八磅、三等和食九磅五志、モンバサへ一等四十四磅、三等洋食十九磅十五志、ダレサラムへ一等四四磅、三等洋食二十一磅、ローレンスマルクスへ一等五十磅、三等洋食二十六磅、ダーバンへ一等五十磅、三等洋食二十七磅、ケープタウンへ一等五十二磅、三等洋食二十八磅、サントスへ一等七十五磅十志、三等洋食三十六磅（邦人和食率百二十五圓）、ブエノスアイレスへ一等七十七磅、三等洋食三十七磅（邦人和食率百二十五圓）

紐育急行線　「太平洋の華」として世界海運界驚異の的になつてゐる我社の最新式快速貨物船隊、畿内丸・東海丸・山陽丸・北陸丸・關東丸・關西丸・南海丸・北海丸の八隻は、東洋紐育間の急行船として、月二回比島發香港・基隆・上海・青島・太沽・大連・神戸・四日市又は名古屋・清水・横濱・羅府經由、巴奈馬運河を通過して、プエルトコロンビヤに寄港し、紐育・ボストン・費府・ボルチモアに至り、復航は、紐育よりハムプトンロード・サバナ寄港、巴奈馬運河、羅府經由・横濱・大阪・神戸・大連・上海・比島に歸ります。本快速船隊は横濱羅府間を僅々十三日、横濱紐育間を二十八日で航海致します。

濠洲新西蘭線　六千噸級の新造快速ディーゼル貨物船ぶどにい丸外二隻を以て毎月一回横濱發、名古屋・大阪・神戸・門司・香港・ブリスベン・シドニー・メルボルンを經て新西蘭のウエリントン・オークランドに往復して居ります。

孟買線　七千噸級の貨物船を配し、毎月二回の定期船の外臨時船を配し、横濱・名古屋・四日市・大阪・神戸・門司・崎戸・香港・新嘉坡・彼南・ペラワンデリー・古倫母・孟買・カラチ間を往復して貨物の運送に從事してゐますが、一等船客に限り御便乘願つて居ります。神戸孟買間客船一等四百五十圓。（貨物船は二割引）。

甲谷陀線　六千噸級の貨物船を以て、毎月二回、横濱・名古屋・大阪・神戸・門司・崎戸・香港・新嘉坡・彼南・ペラワンデリー・蘭貢・甲谷陀間を往復するもので、一等便乘客を搭載致します。船客運賃、神戸より蘭貢へ客船一等二百九十圓。甲谷陀へ三百五十圓。（貨物船は二割引）

南洋線　五千噸級の貨客船四隻を以て、毎月二回横濱發、名古屋・大阪・神戸・門司・基隆・タワオを經てジヤバ各港に至り、復港はスラバヤよりマカツサ・タワオ・香港・高雄・基隆を經由内地に歸るものと、往航門司よりスラバヤへ直航、復航スラバヤより基隆經由内地へ直航歸着する直航船とがあります。此直航船によれば内地よりスラバヤへ十二日で參れます。尚本航路は臺灣總督府の命令航路でタワオ寄港の邦船は本航路船以外にありませぬ。船客運賃、神戸スラバヤ間一等百七十圓三等七十圓、往復切符神戸—スラバヤ—神戸間、一等三百十五圓、三等百十五圓。

比律賓線　日本比律賓間唯一の直航線でありまして臺灣總督府の命令航路であります。六千噸級のめきしこ丸、しかご丸及がんぢす丸の三隻を以て毎月二回、横濱・名古屋・大阪・神戸・門司・長崎・基隆・高雄・マニラ・セブ・ダバオ間を往復して貨客の運輸交通に從事してゐます。復航、レガスピー寄港。船客運賃、神戸よりマニラへ一等百三十五圓、三等三十五圓、セブへ一等百六十圓、三等五十圓、ダバオへ一等百七十二圓、三等五十五圓。

東洋航路

ぶゑのすあいれす丸一等談話室

南米航路ぶゑのすあいれす丸

ブエノスアイレス

伯國珈琲園

リオデジャネイロ

ケープタウン

新嘉坡

日滿連絡船うすりい丸

うすりい丸一等食堂

・名古屋・大阪・神戸・門司・長崎・基隆・[illegible]の運輸交通に從事してゐます。復航、レガスピー寄港。船客運賃、神戸よりマニラへ一等百三十五圓、三等三十五圓、セブへ一等百六十圓、三等五十圓、ダバオへ一等百七十二圓、三等五十五圓。

東洋航路

内臺連絡線　一萬噸級の最新式優秀快速大客船、蓬萊丸・扶桑丸・瑞穗丸の三巨船が神戸・門司・基隆間に内地臺灣間の交通幹線として就航してゐます。内地及臺灣の主要驛にて船車連絡切符を發賣して居ります。神戸より二週三回、正午出帆、翌正午門司發、中一日を海上に過して、三日目の午前十一時基隆に到着致します。船客運賃、神戸基隆間一等六十五圓、二等四十五圓、三等二十圓。門司基隆間一等五十五圓、二等三十七圓、三等十八圓。

日滿連絡線　新興滿洲國と日本内地とをつなぎ、大阪・神戸・門司・大連間を往復する我社の日滿連絡船の、政治的經濟的意義の重要さは今更述べるまでもない事でありまして、六千噸級のうすりい丸、うらる丸、ばいかる丸、はるびん丸、香港丸、亞米利加丸、たこま丸、まあとる丸の八隻を以て月二十三回、正午神戸發、翌正午門司發、三日目早朝大連着の定期にて往復して居ります(但したこま丸、まあとる丸兩船に限り門司午前十一時發)。内地及南滿洲鐵道主要驛にて船車連絡切符を發賣。船客運賃神戸大連間一等六十五圓・二等四十五圓・三等十九圓。門司大連間一等五十五圓・二等卅七圓・三等十七圓。

大阪天津線　本航路は最新最美の二千六百噸の快速ヂーゼル客船長城丸・長安丸・長江丸の三隻を以て、二週三回、阪神・門司・天津間を往復して居ります。内地主要驛で船車連絡切符を發賣。船客運賃、神戸天津間A一等七十圓・B一等六十圓・並等廿二圓。門司天津間A一等六十圓・B一等五十圓・並等十九圓。

大阪青島線　四千噸の泰山丸にて、毎月二回、阪神・門司・青島間を往復してゐます。内地主要驛にて船車連絡切符を發賣。船客運賃、神戸青島間一等六十九圓・二等四十六圓・三等廿圓。門司青島間一等五十七圓・二等卅八圓・三等十六圓。

横濱天津線　毎週一回、二千六百噸級の貨物船が、横濱・名古屋・廣島・門司・大連・天津間を往復、貨物の運送に從事してゐます。

大阪清津線　毎週一回、阪神を出帆して關門經由、清津直航、羅津、雄基に往復するもの、關門清津間を中一日で航海する急行船ですから表日本から北鮮への往復には誠に便利です。外に月三回の大阪北鮮線月一回の東京北鮮線の貨物船もあります。船客運賃、阪神より清津へ特等四十二圓。並等十七圓。羅津雄基へ特等四十五圓。並等十八圓。關門より清津へ特等三十七圓。並等十五圓。羅津雄基へ特等四十圓。並等十六圓。

大阪仁川線　千三百噸級の貨客船にて、毎月十回毎三日目に(但客船は毎月四回)出帆、阪神・關門・木浦・群山・仁川間を往復してゐます。船客運賃、阪神より木浦へ二等廿二圓・三等九圓。群山へ二等廿三圓・三等十一圓五十錢・仁川へ二等廿四圓・三等十二圓。此の外月三回の東京西鮮線、月三回の大阪安東縣線、月三回の大阪釜山馬山線があります。

西貢盤谷線　四千五百噸の貨客船すらばや丸・ばたびや丸の二隻を以て月一回横濱發、名古屋・大阪・神戸・門司を發し基隆・海防・サイゴン・バンコック間を往復して貨客の運送に從事して居ります。船客運賃神戸より海防まで一等百四十圓、三等四十七圓、西貢まで一等百四十五圓、三等四十九圓、盤谷まで一等百八十圓、三等六十圓。

横濱高雄線　毎月八回高雄を出帆、京濱に直航し、名古屋・大阪・神戸・宇品・門司・長崎・基隆・馬公・安平經由高雄に歸着するものであります。船客運賃、長崎基隆間特等卅七圓、並等十八圓、高雄横濱直航運賃、特等五十五圓、並等廿六圓

臺灣東沿岸線　毎月九回、基隆發花蓮港、臺東、高雄間を往復してゐます。其他蘇澳・加走灣・新港・火燒島・紅頭嶼・大板埒に寄港することもあります。船客運賃、基隆より花蓮港へ一等十二圓八十錢、二等七圓二十錢、三等四圓四十錢、臺東へ一等十六圓五十錢、二等九圓五十錢、三等五圓五十錢。

基隆花蓮港線　基隆、蘇澳、花蓮港間を毎日往復(但日曜休航)捻江丸・別府丸が就航してゐます。船客運賃、基隆より蘇澳へ一等六圓、二等三圓五十錢、三等二圓、蘇澳より花蓮港へ一等八圓、二等四圓、三等二圓五十錢。

高雄馬公線　高雄を毎奇數日出帆(但卅一日休航)壺岐丸が就航してゐます。船客運賃、高雄馬公間一等十圓五十錢二等六圓、三等三圓、乙三等二圓。

基隆香港線　二千八百噸級の優秀船廣東丸・鳳山丸を使用し、毎週日曜日基隆發、廈門・汕頭・香港間を往復してゐます。船客運賃、基隆より廈門へ一等十八圓、二等十二圓、三等六圓。汕頭へ一等三十六圓、二等廿四圓、三等十二圓香港へ一等五十四圓、二等卅六圓、三等十八圓。

高雄廣東線　隔週水曜日、高雄發、廈門・汕頭・香港・廣東間を往復してゐます。船客運賃、高雄より廈門へ一等十八圓、三等六圓。汕頭へ一等卅六圓、三等十二圓。香港へ一等五十四圓、三等十八圓。廣東へ一等六十三圓、三等廿一圓。

高雄天津線　毎月三回、高雄出帆、基隆・福州・上海・青島・天津に至り、復航大連・上海・福州・基隆を經て高雄に歸着致します。船客運賃、基隆より上海へ一等四十五圓、三等十五圓。青島へ一等七十二圓、三等廿四圓。天津へ一等八十四圓、三等廿八圓、大連へ一等九十圓、三等卅圓。

基隆福州廈門線　毎月三回(一日、十一日、廿一日)、基隆發、福州・廈門間を往復し、復航淡水に寄港します。船客運賃、基隆福州間一等十八圓、二等十二圓、三等六圓。

阿弗利加航路あふりか丸

紐育急行船畿内丸

内臺連絡船蓬萊丸

天津航路長城丸

大連大廣場

臺灣總督府

ダバオ[illegible]

メルボルン

ノスアイレス

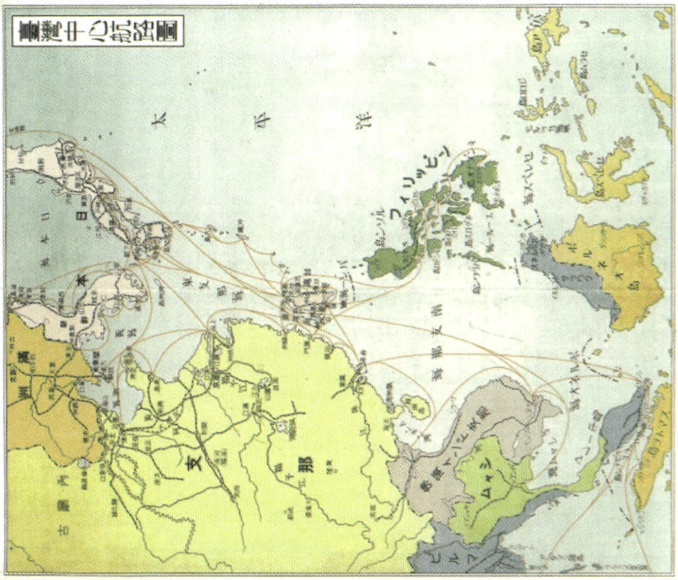
臺灣中心航路圖
太平洋
フィリッピン
支那

台湾中心航路案内
大阪商船

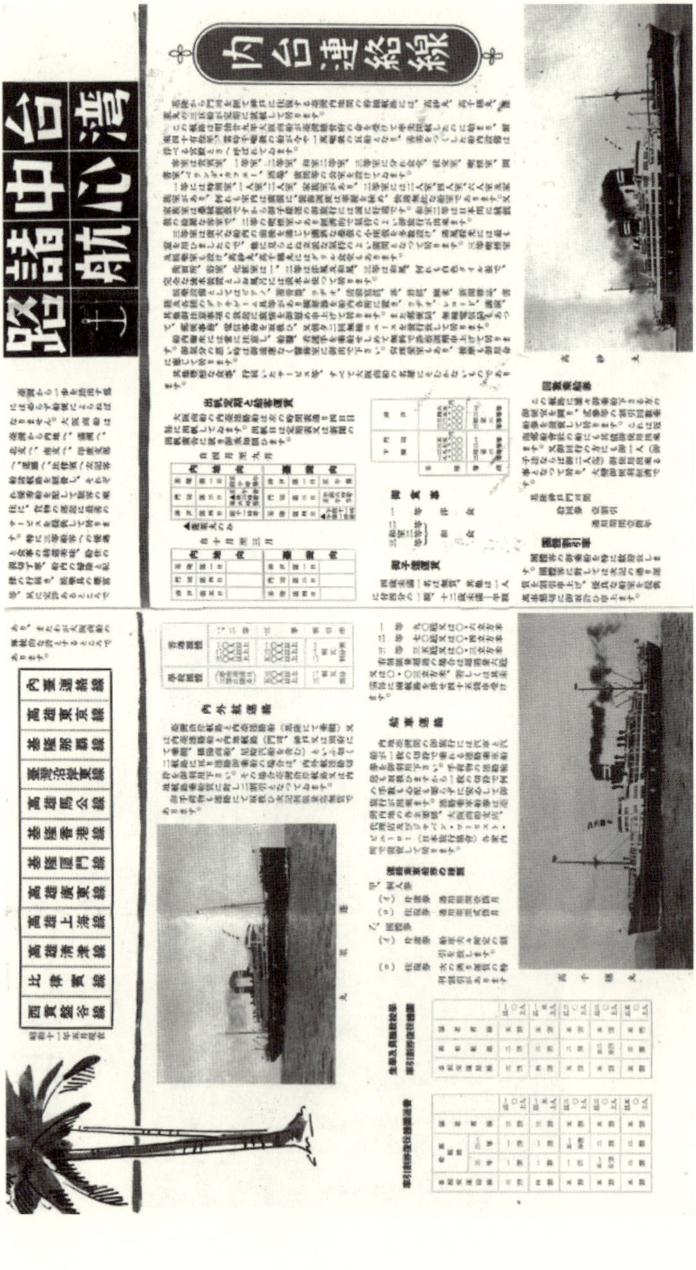

台灣中心諸航路

内台連絡線

高砂丸

高千穂丸

- 内台連絡線
- 高雄東京線
- 基隆那覇線
- 臺灣沿岸東線
- 高雄馬公線
- 基隆香港線
- 基隆厦門線
- 高雄廣東線
- 高雄上海線
- 高雄清津線
- 比律賓線
- 西貢盤谷線

其他の諸航路

東京へ

高雄東京線

毎月六回以上高雄から東京又は横濱に直航する優秀船で、殊に四隻夜行の航海ですから、御寛ぎ御旅行の方には運賃も割安で乗換もなく、非常に御便利でございます。

寄航は京濱より名古屋、四日市、大阪、神戸、廣島、門司、博多、長崎、鹿兒島、基隆、馬公、安平を經て高雄に歸着するもので、合命船、自由船を加へ六隻以上の定期船の外臨時船を配して、生牛、砂糖、米、石炭、雜貨の輸送に配船を計って居ります。使用船は高雄丸、台東丸、彰化丸は何れも各四千七〇噸級の優秀船で、二等定員十二名、三等三十名であります。

高雄東京線（運賃表）

[illegible]	[illegible]

臺東丸

那覇へ

基隆那覇線

毎週一回大阪商船、西表、八重山、宮古經由那覇に往復し、臺灣と沖繩とを連絡する唯一の航路であります。

使用船	總噸數	一等	二等	三等
[illegible]	[illegible]	[illegible]	[illegible]	[illegible]
[illegible]	[illegible]	[illegible]	[illegible]	[illegible]

那覇基隆線（運賃表）

[illegible]	[illegible]

東沿岸へ

臺灣沿岸東線

毎月六回（一、六の日）基隆出帆、蘇澳、花蓮港、新港、大武、高雄港を往復し、新港、火燒島、紅頭嶼にも寄港致します。

使用船	總噸數	一等	二等	三等
[illegible]	[illegible]	[illegible]	—	[illegible]
[illegible]	[illegible]	[illegible]	—	[illegible]

臺灣沿岸東線（運賃表）

[illegible]	[illegible]

湖南丸

香港へ

基隆香港線

毎週日曜の朝基隆を出で臺灣海峽を横斷し厦門汕頭を經て四日目の朝香港につきます。復航は火曜の日暮香港を出で汕頭厦門を經て四日目に基隆に歸着します。香港では四日間ありますから、よき旅行に疲れば香港市街は勿論、廣東、澳門をも見物して同じ船で歸れます。汕頭厦門、汕頭は往復とも寄港いて午後出帆するので上陸してゆつくり見物出來ることに便利な航路です。

使用船	總噸數	一等	二等	三等
[illegible]	[illegible]	[illegible]	[illegible]	[illegible]
[illegible]	[illegible]	[illegible]	[illegible]	[illegible]

基隆香港線（運賃表）

[illegible]	[illegible]

香港丸

福州厦門へ

基隆厦門線

毎月三回（一日、十一日、二十一日基隆發）高雄、福州、厦門間を往復する定期航路で復航は淡水に寄港致します。

使用船	總噸數	一等	二等	三等
[illegible]	[illegible]	[illegible]	[illegible]	[illegible]

基隆厦門線（運賃表）

[illegible]	[illegible]

上海へ

高雄廣東線

隔週火曜日午後十時高雄を發して翌朝八時厦門着、午後四時同地を發にして南海の… 香港着、午後一時出帆… 香港の夜の眺めを後にして、廣東河を遡航し、廣東省の首府廣東（廣州）に向ひます。復航は廣東を出て前記各港を經由高雄に到着します。

使用船	總噸數	一等	二等	三等
[illegible]	[illegible]	[illegible]	—	[illegible]

高雄廣東線（運賃表）

[illegible]	[illegible]

廣東へ

高雄上海線

高雄、基隆、福州、上海と月三回以上往復しております。往復航とも各一週間で來ます。

使用船	總噸數	一等	二等	三等
[illegible]	[illegible]	[illegible]	—	[illegible]
[illegible]	[illegible]	[illegible]	—	[illegible]

高雄上海線（運賃表）

[illegible]	[illegible]

長沙丸

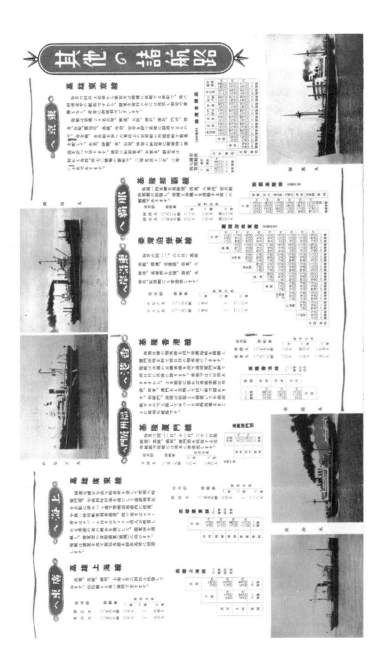

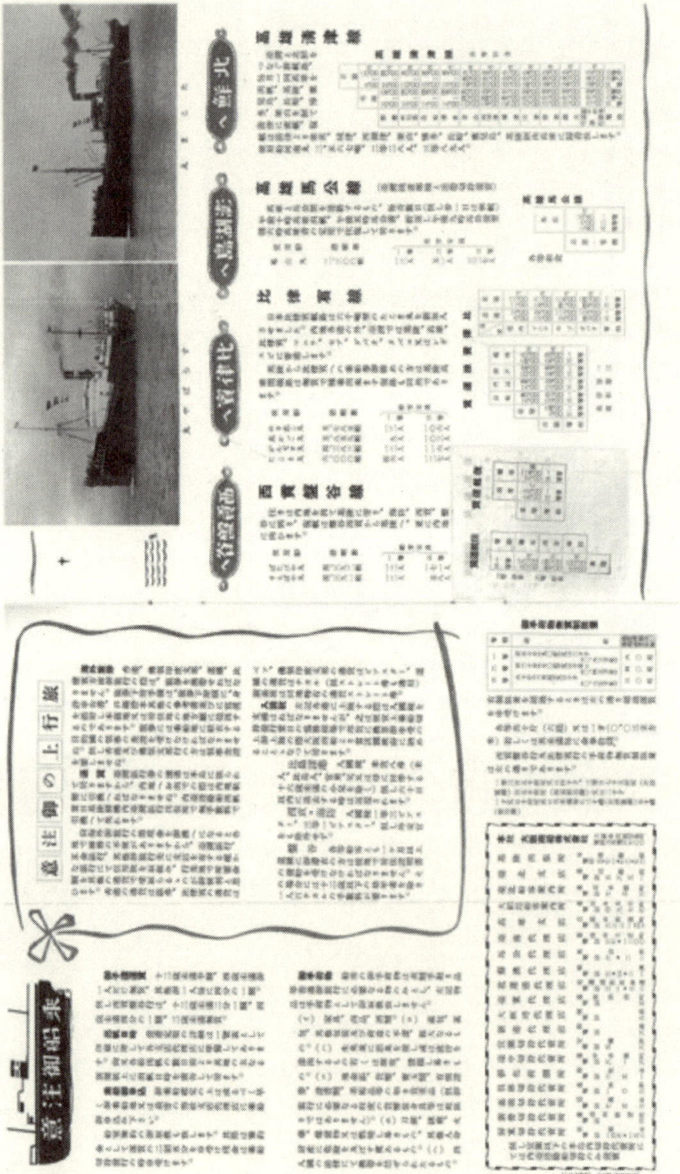

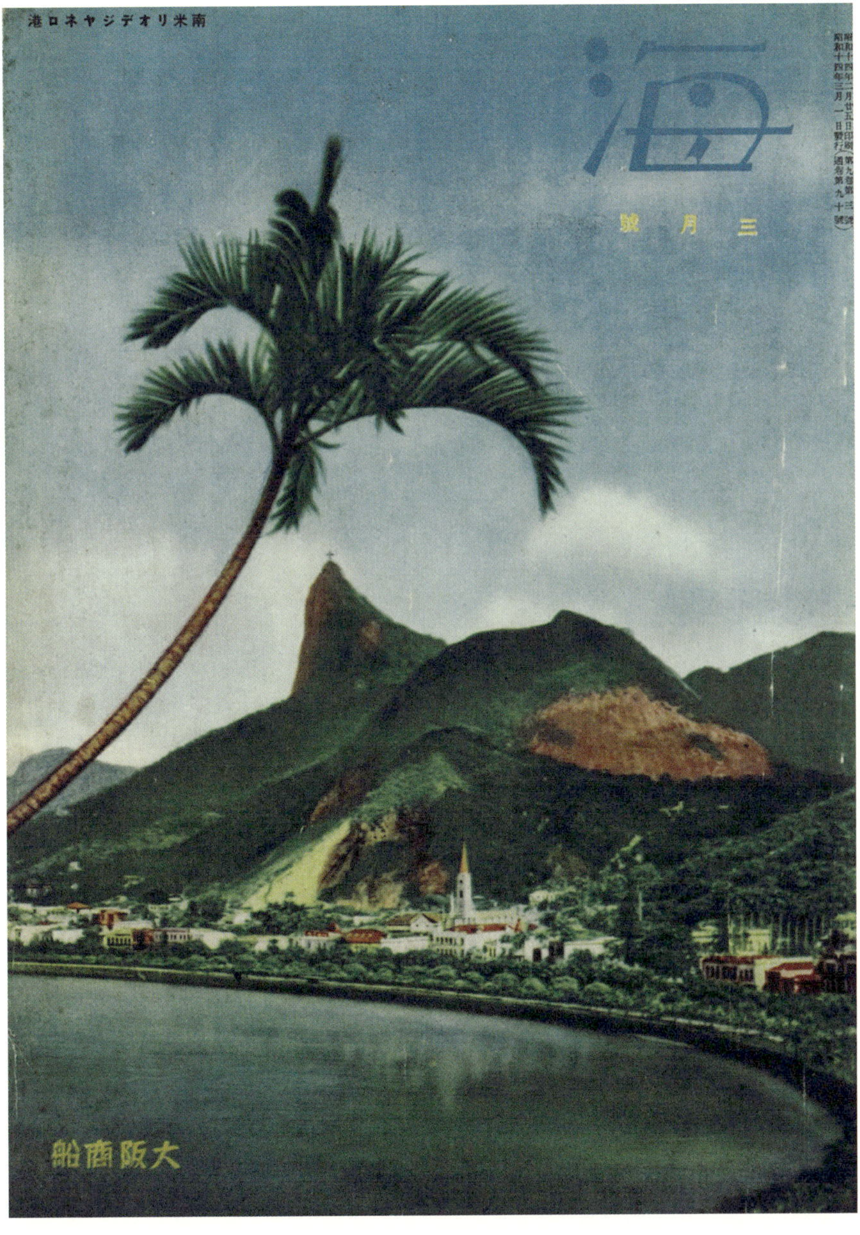
南米リオデジャネイロ港
海
三月號
昭和十四年二月廿五日印刷（第九卷第三號）
昭和十四年三月一日發行（通卷第九十號）
大阪商船

沖繩巡遊記

小西和

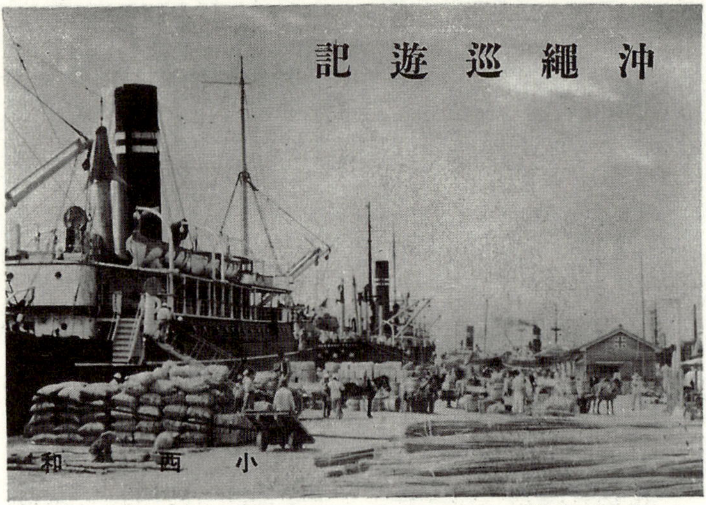

那覇棧橋

鹿兒島縣の遊說を了へ、數多の同志に送られて沖繩縣に向ふべく、鹿兒島港の棧橋から商船に乘込んだ。鹿兒島灣口の西側に聳へてゐるのはいふまでもなく開聞嶽である。この山は理想的圓錐形の成層火山で、我が委任統治領たる、內南洋の第一關とも見るべき位置を占め、太平洋の波上に浮べる、ウラカスの島山に酷似して、全く瓜二つのやうである。

大隅の最南端なる佐多岬を左に眺め、程なく種子島や屋久島など、薩南諸島の間を縫ふて、船路も穩かに南航すれば、何時しか寒冷の氣は跡方なく忘れ果てゝ、心地よく眠りに就くのであつた。その明る日になると、今度は身體に暑さを覺へる程なので、下衣を脫ぎ棄てるの外なかつた。晝すぎに奄美大島の名瀨に着ければ、眼に映る草木には、綠りの深い夏の趣きが尙ほ殘つて居る上に、市街の狀態から自然の風物に至るまで、何となく趣を異にし南國氣分の、頗る濃厚なるを覺へるのであつた。

大島に滯在すること三晝夜。名瀨の演說會と、同地に於ける私共の歡迎の宴とが、豫想以上に盛大であつた。同志の切望に任せ、小さい發動機船を仕立てゝ、名瀨から外海の荒波を蹴破ること數時間、瀨戶內灣に游んだ。

名瀨から更に商船の便に賴つて、南西に航行すること十數時間、沖繩本島に近づけば、その海岸に珊瑚礁が分布、擴大してゐるのは、誠に以て南洋式と云はねばならぬ。船が那覇の港內に入り岸壁に繫留したので、數多の同志に迎へられて上陸する。本島に滯在の四日間は、目に入り耳に聞くものが、多くは趣味の横溢せざるなしといふ始末であつた。

この度の巡遊は那覇に於ける、支部の大會に本部を代表し、白髮童顏を以て潑剌たる元氣の壯者を凌ぐ概あるので、周知せらるゝ楠部荒熊老の同行を得て、參列するのが主な目的である。その楠部老と私とを、到る所で間違へられるのもまた、滑稽であり愛嬌であつた。

支部の大會は那覇の大正座で擧げられたが、來會者二千五百と註せられ、豫期以上の盛況を呈し、引續いて開かれたる同志の懇親會を兼ねての私共の歡迎會は、出席者が六百を超えたのである。席上で主人側の挨拶に次ぎ、私の謝辭が終ると、五分間演說が陸續として起るのである。その演說は日本の標準語を用ゆるものと、純粹の沖繩語を用ゆるものとが、相半するのも頗る面白いが、遠く離隔して海洋の上に懸垂せる島嶼に、旺盛なる意氣の溢るゝものあるを象徵するのは、特に欣快を禁じ得ない所である。若し夫れ沖繩の主都第一流の旅亭で、その固有の料理を味ひ、特有の醇酒を汲みながら、沖繩美人が蛇皮線と太鼓と琴との合奏に連れて、舞踊を演ずるに至つては、歷史的色彩が極めて濃厚なるに加へて、地方的特徵もまた遺憾なく發揮せられるので、自ら興趣の津々たるを覺ゆると共に、旅情の細やかなるを感ずるのであつた。

本島に於ては尙ほ、汽車や自動車で、數十百里の道程を驅り、國頭地方の中樞たるや、名護漁港の修築に熱狂せる本部や水產の本領を具現して餘す所なき糸滿などを巡回して見た。堅い石と白堊とを以て構築され、恰も倉庫の參差たるが如き墳塋や和船と支那の戎克との間の子とも見るべき山原船など、途上で眼眸に映ずるもの丶多くは皆、珍しいといふ外なかつた。殊に家屋の構造や、男女の服裝や、婦人の髷形から村落の光景や、店舗の狀態に至るまで、見るものは一として興趣をそゝらぬものがない程である。

泡盛製造工場

沖繩縣の總鎭守たる、官幣小社波上神社は、莊嚴なる殿堂が那覇市街に接して、高く海岸の崖角に建てられゐるが、往時の琉球王、尙氏の居城たりし首里の、防備と建築の如きは、名勝としても史蹟としても、永久に保存すべき價値が、あり餘る程と思ふ。その首里に於ては、歷史的背景に富める公會堂での演說に先きだつて、首里中學の講堂に集まれる師範と中學との兩校生徒の爲め海洋日本と海國男子とに關する、一席の講話を試みたのである。かくて那覇の同志と港頭で分袂し、三度商船に搭乘し、西方に向つて出帆した。其の第一の寄港地たる宮古島の平良町と第二の投錨地たる八重山島の石垣町との双方とも、劇場に於て演說會を開き同志の歡迎會に出たが、石垣の宴席では計らず、思ひも寄らぬ人魚の料理を味ひ、大いに若返つた心地に成り得たのも、また一興たるを失はぬ。

時は既に多季に入つて居るけれども、流石は熱帶に近い場所がらとて日中の如きは薄い夏服を着て居ても、尙ほ流汗淋漓といふ有様を呈することがあつて、その溽暑は盛夏を偲ばしむるのがある。從つて晝は蟬の鳴く聲が『噪蟬聲亂日初曛』また夜は螢が頻りに飛び『含輝疑泛月、帶火怯凌霜』そのまゝであるなど、熱帶的情緒もまた頗る濃厚である。

沖繩の文化は豫想以上に發達を告げ、文明の利器は一として備はらざるなく、五十歳以下の人々は皆よく標準語を解するのだから、私どもの演說や談話には素より通譯を要しないのである。壇上に立てる際、數多の聽衆が、餘りにも靜寂にしてゐるから、或は私の演說を理解し得ないのであるまいかと思ひ、試みに洒落を交ゆれば滿場大笑、一同拍手するので充分に意味の通ずることを判知し得た。

私は海國男子の一員として、常に海上の航行を恐れぬのみならず、却て其の快味を趁ひたい位なのである。殊に沖繩の巡遊は南國の風物に接し、海洋旅行の眞髓に觸れるなど、好個の添物も尠なからぬことゝて、寧ろ自ら進んで此の役目に當ることゝしたのである。果然この度は船中の客となつて居る場合が多く、天容海潤の裡に、世俗の煩累を忘れ、悠々自適を恣にするを得て、眞に絶好の遊行たるを失はなかつた而も船內で前後五夜を過ごしたが、恰も月明に際するを幸ひ、南國の溽暑を去り、海風に涼を納るべく、上甲板の籐椅子に横はれば、姮娥は高く蒼穹に輝き、海面は鮮かに銀波を揮するので、眞に羽化登仙の思ひがある爲め船室に寢ることは稀な位であつた。

余滿白銀螢

かくて鹿兒島を出てから沖繩列島を迴り、遂に西表島をも經由して、臺灣の基隆港に着くまでの間、終始一貫して愉快また平靜なる航海を遂げたことは、生涯忘れ得ないであらう。臺灣に上陸したのを機とし、各地を巡遊視察すること五日、見聞した事柄や、感想も尠なからずあるけれど、これ等は更に機を得て開陳を試み度いと思ふ。基隆から商船に搭じて直航、下關を經て瀨戶內海の明媚な風光を賞しつゝ、神戶に歸着したのは出發以後二十五日目であつた。

—筆者 立憲民政黨顧問、瀨戶內海論著者—

沖繩視察團

—會員募集中—

—本誌第三八頁を御參照下さい—

年末・年始の定期表

大阪別府航路

出帆日	阪神發 晝便	阪神發 晩便	別府發 晝便	別府發 晩便
十二月 月 二十日	すみれ丸	こがね丸	くれなゐ丸	にしき丸
火 廿一日	むらさき丸	にしき丸	すみれ丸	こがね丸
水 廿二日	くれなゐ丸	すみれ丸	むらさき丸	にしき丸
木 廿三日	むらさき丸	こがね丸	くれなゐ丸	すみれ丸
金 廿四日	くれなゐ丸	にしき丸	むらさき丸	こがね丸
(祭)土 廿五日	すみれ丸	こがね丸	くれなゐ丸	にしき丸
日 廿六日	むらさき丸	にしき丸	すみれ丸	こがね丸
月 廿七日	すみれ丸	こがね丸	むらさき丸	にしき丸
火 廿八日	むらさき丸	にしき丸	すみれ丸	こがね丸
水 廿九日	くれなゐ丸	すみれ丸	むらさき丸	にしき丸
木 三十日	むらさき丸	こがね丸	くれなゐ丸	すみれ丸
金 卅一日	くれなゐ丸	にしき丸	むらさき丸	こがね丸
一月(祭)土 一日	すみれ丸	こがね丸	くれなゐ丸	にしき丸
日 二日	くれなゐ丸	にしき丸	すみれ丸	こがね丸
(祭)月 三日	すみれ丸	こがね丸	くれなゐ丸	にしき丸
火 四日	むらさき丸	にしき丸	すみれ丸	こがね丸
(祭)水 五日	くれなゐ丸	すみれ丸	むらさき丸	にしき丸
木 六日	むらさき丸	こがね丸	くれなゐ丸	すみれ丸
金 七日	くれなゐ丸	にしき丸	むらさき丸	こがね丸
土 八日	すみれ丸	こがね丸	くれなゐ丸	にしき丸
日 九日	むらさき丸	にしき丸	すみれ丸	こがね丸
月 十日	くれなゐ丸	こがね丸	むらさき丸	にしき丸

大阪那覇航路

	湖南丸		浮島丸		
大阪發	十二月三十日	後3、30	十二月廿四日	一月六日	後3、30
神戸發	卅一日	正午發	廿五日	七日	前10、00
名瀬着	一月二日	後4、00	廿七日	九日	前1、00
那覇着	三日	前8、40	廿七日	九日	後3、00
那覇發	五日	後4、00	卅日	十二日	前9、00
名瀬發	六日	前11、00	卅日	十二日	後11、00
神戸着	八日	前9、30	元旦	十四日	前11、00
大阪着	九日	後0、10	元旦	十四日	後5、00

RKKLINERKKLINERKKLINERKKLINERKKL
沖縄/東京 鹿児島航路
出帆予定表
'68 7→9
RKK
琉球海運
沖縄那覇市西本町4丁目1の1
代売店
切符発売所…琉球海運船客課 電(8)1126・沖縄旅行社 電

沖縄/東京 鹿児島航路
出帆予定表
'68 7→9
琉球海運
代売店
最高の時計
ロンジン
LONGINES
◆営業案内◆
中央時計店
乗船ごあんない

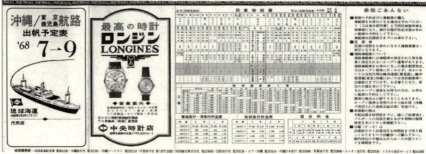

RKKLINERKKLINERKKLINERKKLINERKKLINERKKLINERKKLINERKKLINERKKLINERKKLINERKKLINERKKLINER

列車時刻表

上り（西鹿児島発）　　下り（西鹿児島着）　※凡例　特急　急行

門司港	大阪	新大阪	東京	東京	東京	東京	広島 門司港	京都	行先	西鹿児島	西鹿児島	西鹿児島	西鹿児島	西鹿児島	西鹿児島	西鹿児島	西鹿児島	西鹿児島
はやと	しろやま	あかつき	霧島	はやぶさ	高千穂	富士	桜島	かもめ	列車名	かもめ	桜島	高千穂	霧島	しろやま	あかつき	はやぶさ	富士	はやと
西鹿児島	西鹿児島	西鹿児島	西鹿児島	西鹿児島	西鹿児島	西鹿児島	西鹿児島	西鹿児島	始発	京都	広島 門司港	東京	東京	大阪	新大阪	東京	東京	門司港
23:00	20:00	19:30	12:15	11:40	11:45	9:20	8:05	7:10	鹿児島本線 西鹿児島	22:52	20:40	16:44	15:21	9:30	10:31	16:56	19:20	5:39
3:16	0:20	23:06	16:36	15:22	鹿児島発	鹿児島発	鹿児島発	10:41	熊本	19:28	鹿児島着	鹿児島着	11:24	5:10	6:43	13:20	鹿児島着	1:22
5:22	2:27	0:58	18:31	レ	(11:51)	(9:26)	(8:11)	12:11	鳥栖	18:01	(20:34)	(16:38)	9:19	3:12	5:03	レ	(19:12)	23:46
6:00	3:22	1:30	19:05	17:20	↓	↓	↓	12:38	博多	17:28	↑	↑	8:45	2:30	4:30	11:25	↑	23:16
‖	‖	‖	‖	‖	14:50	12:02	10:31	‖	日豊本線 宮崎	‖	18:15	13:50	‖	‖	‖	‖	16:39	‖
‖	‖	‖	‖	‖	19:22	16:00	14:25	‖	大分	‖	14:25	9:16	‖	‖	‖	‖	12:47	‖
‖	‖	‖	‖	‖	19:35	16:13	14:46	‖	別府	‖	14:10	8:48	‖	‖	‖	‖	12:25	‖
7:27	4:50	2:50	20:29	18:27	22:09	18:15	16:57	レ	門司	レ	11:57	6:25	7:26	0:56	3:58	10:17	10:20	21:28
門司港着 (7:35)	3:04	3:03	20:43	18:40	22:20	18:30	17:10	13:50	山陽本線 下関	16:16	11:44	6:10	7:11	0:42	3:04	10:06	10:14	門司港発 (21:18)
	9:10	6:30	0:55	22:00	2:33	21:50	20:38	16:59	広島	13:10	8:20	2:05	3:08	20:41	23:38	6:40	6:50	…
	15:13	11:35	7:33	2:43	9:34	2:33	門司港着 (17:07)	21:33	大阪	8:38	門司港発 (11:37)	19:38	13:44	14:55	18:40	1:59	2:12	…
	…	11:49	レ	レ	レ	レ		レ	新大阪	レ		レ	レ	…	18:30	レ	レ	…
	こだま (136)	こだま (122)							列車名					こだま (113)	こだま (125)			
—	16:05	12:05	‖	‖	‖	‖	—	‖	新幹線 新大阪	‖	‖	‖	‖	14:05	17:35	‖	‖	—
—	17:20	13:20							名古屋					12:45	16:18			
—	20:05	16:05							東京					10:05	13:35			
…	…	…	8:11	3:18	10:15	3:10	…	22:10	東海道本線 京都	8:00	…	18:56	20:00	…	…	1:22	1:35	…
…	…	…	10:20	5:17	12:22	5:08	…	…	名古屋	…	…	16:44	17:48	…	…	23:26	23:38	…
…	…	…	15:34	10:30	17:33	10:00	…	…	東京	…	…	11:30	12:30	…	…	18:30	18:40	…

国鉄運賃表　1等（右上）　2等（左下）

	鹿児島	博多	宮崎	別府	広島	神戸	大阪	京都	名古屋	東京
鹿児島		2,190　6.05	850　2.37	2,310　6.43	3,380　9.35	4,370　12.14	4,490　12.48	4,640　12.89	5,100　14.17	6,290　17.47
博多	¥1,190　$3.31		2,850　7.92	1,250　3.48	1,930　5.37	3,320　9.23	3,450　9.59	3,580　9.95	4,040　11.23	5,230　14.53
宮崎	460　1.28	1,550　4.31		1,450　4.03	3,180　8.84	4,170　11.59	4,310　11.98	4,440　12.34	4,970　13.81	6,140　17.05
別府	1,200　3.33	680　1.89	790　2.20		2,260　6.28	3,450　9.59	3,580　9.95	3,710　10.31	4,240　11.78	5,430　15.09
広島	1,840　5.12	1,050　2.92	1,730　4.81	1,230　3.42		2,060　5.73	2,260　6.28	2,390　7.20	3,120　8.67	4,310　11.98
神戸	2,380　6.62	1,810　5.03	2,270　6.31	1,880　5.23	1,120　3.12		240　0.67	340　1.50	1,530　4.25	3,320　9.23
大阪	2,450　6.81	1,880　5.23	2,350　6.53	1,950　5.42	1,230　3.42	130　0.37		300　0.84	1,320　3.67	3,180　8.84
京都	2,530　7.03	1,950　5.42	2,420　6.73	2,020　5.62	1,410　3.92	290　0.81	160　0.45		980　2.73	3,050　8.48
名古屋	2,780　7.73	2,200　6.12	2,710　7.53	2,310　6.42	1,700　4.73	830　2.31	720　2.00	530　1.48		2,460　6.84
東京	3,430　9.53	2,850　7.92	3,350　9.31	2,960　8.23	2,350　6.53	1,810　5.03	1,730　4.81	1,660　4.62	1,340　3.73	

普通急行・準急行料金表

距離	2等		1等	
100Kまで	¥100	$0.28	¥220	$0.62
200Kまで	200	0.56	440	1.23
400Kまで	300	0.84	660	1.84
1,000Kまで	400	1.12	880	2.45
1,001K以上	500	1.39	1,100	3.06

特別急行料金表

距離	2等		1等	
400Kまで	¥600	$1.67	¥1,320	$3.67
600Kまで	800	2.23	1,760	4.89
1,200Kまで	1,000	2.78	2,200	6.12
1,201K以上	1,200	3.34	2,640	7.34

寝台料金

	A室			B室	
	上段	下段	個室	上段	下段
1等	¥1,980　$5.50	¥2,530　$7.03	¥3,080　$8.56	¥1,540　$4.28	¥1,980　$5.50
2等	上段 ¥800　$2.23	中段 ¥900　$2.50	下段 ¥1,000　$2.78		

乗船ごあんない

■船席の予約並びに乗船券の購入
乗船券をお求めになる場合は予めパスポート（又は身分証明書）と予防注射証明書を御準備になり、旅行日程が決定次第お早めに船席の予約をして下さい。
乗船券は出港前日までにお求め下さい。

■往　復　券
往復の切符をお求めになると復路運賃は一割引になります。

■復路乗船券について
復路乗船券には乗船便の指定された指定復券と指定されないオープン復券があります。
復路乗船券をお求めになった場合船便指定、又はオープン復券にかゝわらず、本土においては当社代理店㈱共進組（鹿児島）、㈱宇徳運輸（東京）沖縄においては当社船客課へ出港前日までに必ず、お立寄りになり、所定の手続を受けて下さい。
なおオープン復券をお持ちの方は、お早めに船席の予約をして下さい。
満員の場合はお断りすることもあります。
オープン復券は発売の日から90日間（沖縄で発売された復券は30日間）有効です。

■御乗船の際は
本船出港2時間前までに、港にご到着頂き、パスポートの出国手続き及び手荷物の税関検査を受けてから御乗船下さい。

■合鑑（チッキ）は
出港前日から出港当日2時間前まで取り扱っておりますので合鑑係へご搬入下さい。
船内持込の手廻品は大人お一人中型トランク2個程度です。

昭和観光株式会社 電(2)3636・国際旅行社 電(3)3136・エアー沖縄 電(3)1414・沖縄日本旅行 電(3)3388・那覇旅行社 電(3)3940・ユニオン旅行社 電(2)7530・リウボウ旅行サービス 電(4)1165

RKKLINERKKLINERKKLINERKKLINERKKLINERKKLINERKKLINERKKLINERKKLINERKKLINERKKLINERKKLINER

東京航路
ひめゆり丸

東京発(毎土曜日)午前11時　那覇発(毎火曜日)正午

FROM TOKYO TO NAHA	1968	FROM NAHA TO TOKYO
6 13 20 27	7月 JUL	2 9 16 23 30
3 10 17 24 31	8月 AUG	6 13 20 27
7 14 21 28	9月 SEP	3 10 17 24

鹿児島航路　おとひめ丸／沖縄丸

鹿児島発 FROM KAGOSHIMA TO NAHA　／　那覇発 FROM NAHA TO KAGOSHIMA

船名	鹿児島発 FROM KAGOSHIMA TO NAHA	1968	那覇発 FROM NAHA TO KAGOSHIMA	船名
おとひめ丸	10(水) 14(日) 17(水) 20(土) 23(火) 25(木) 28(日) 31(水)	7月 JUL	12(金) 15(月) 19(金) 21(日) 24(水) 27(土) 29(月)	おとひめ丸
沖縄丸	4(木) 8(月) 12(金) 16(火) 20(土) 24(水) 28(日)	7月 JUL	2(火) 6(土) 10(水) 14(日) 18(木) 22(月) 26(金) 30(火)	沖縄丸
おとひめ丸	2(金) 6(火) 9(金) 12(月) 14(水) 17(土) 20(火) 22(木) 25(日) 28(水) 30(金)	8月 AUG	1(木) 4(日) 8(木) 10(土) 13(火) 16(金) 18(日) 21(水) 24(土) 26(月) 29(木)	おとひめ丸
沖縄丸	1(木) 5(月) 9(金) 13(火) 17(土) 21(水) 25(日) 29(木)	8月 AUG	3(土) 7(水) 11(日) 15(木) 19(月) 23(金) 27(火) 31(土)	沖縄丸
おとひめ丸	2(月) 5(木) 8(日) 12(木) 16(月) 20(金) 24(火) 28(土)	9月 SEP	1(日) 3(火) 6(金) 10(火) 14(土) 18(水) 22(日) 26(木) 30(月)	おとひめ丸
沖縄丸	2(月) 6(金) 10(火) 14(土) 18(水) 22(日) 26(木) 30(月)	9月 SEP	4(水) 8(日) 12(木) 16(月) 20(金) 24(火) 28(土)	沖縄丸

※出港時間の記載なき日は……
鹿児島発…おとひめ丸・沖縄丸〈正午〉　那覇発…おとひめ丸〈正午〉沖縄丸〈午前11時〉
このスケジュールは天候その他の都合により変更することがありますので予め御了承下さい

旅客運賃表

東京－沖縄

	大人	小人	幼児	学割
特1等	¥21,170 $58.80	10,590 29.40	5,290 14.70	— —
1等	14,690 40.80	7,350 20.40	3,670 10.20	— —
特2等	9,660 26.85	4,830 13.40	2,420 6.70	— —
2等	7,910 21.95	3,960 11.00	1,980 5.50	6,330 17.60

鹿児島－沖縄

	大人	小人	幼児	学割
特1等	¥11,810 $32.80	5,910 16.40	2,950 8.20	— —
1等	8,040 22.35	4,020 11.15	2,010 5.60	— —
特2等	5,280 14.65	2,640 7.35	1,320 3.65	— —
2等	4,200 11.65	2,100 5.85	1,050 2.90	3,360 9.35

宮古・石垣・基隆／那覇

等級＼区間	那／宮古	那／石垣	那／基隆
特1等	¥2,880 $8.00	4,320 12.00	8,640 24.00
1等	2,376 6.60	3,852 10.70	7,920 22.00
特2等	1,836 5.10	2,664 7.40	6,480 18.00
2等	1,224 3.40	1,746 4.85	5,760 16.00
学割	1,008 2.80	1,440 4.00	— —

民芸の島
宮古・八重山への旅

那覇／石垣航路
那覇丸(月8航海)
1,100総トン
速力16ノット
旅客定員 305名

発着時刻及び所要時間

那覇 石垣 発	石垣 那覇 着	所要時間
15：00	09：00	18時間

那覇／宮古航路
宮古丸(月9航海)
1,010総トン
速力16ノット
旅客定員 300名

発着時刻及び所要時間

那覇 宮古 発	宮古 那覇 着	所要時間
17：00	05：00	12時間

異国情緒を台湾で
那覇丸月3航海(石垣経由2泊3日)
那覇発　15：00
基隆発　17：00

お問い合せは…電(台北)28934・日本交通公社・近畿日本ツーリスト・日本旅行・日通観光・東急観光・名鉄観光・文教商事(東京)

LINERKKLINERKKLINERKKLINE RKKLINERKKLINERKKLINER

旅客運賃表

東京＝沖縄

	大人	小人	幼児	学割
特1等	¥21,170 $58.80	10,590 29.40	5,290 14.70	— —
1等	14,690 40.80	7,350 20.40	3,670 10.20	— —
特2等	9,660 26.85	4,830 13.40	2,420 6.70	— —
2等	7,910 21.95	3,960 11.00	1,980 5.50	6,330 17.60

鹿児島＝沖縄

	大人	小人	幼児	学割
特1等	¥11,810 $32.80	5,910 16.40	2,950 8.20	— —
1等	8,040 22.35	4,020 11.15	2,010 5.60	— —
特2等	5,280 14.65	2,640 7.35	1,320 3.65	— —
2等	4,200 11.65	2,100 5.85	1,050 2.90	3,360 9.35

宮古・石垣・基隆／那覇

等級＼区間	那／宮古	那／石垣	那／基隆
特1等	¥2,880 $8.00	4,320 12.00	8,640 24.00
1等	2,376 6.60	3,852 10.70	7,920 22.00
特2等	1,836 5.10	2,664 7.40	6,480 18.00
2等	1,224 3.40	1,746 4.85	5,760 16.00
学割	1,008 2.80	1,440 4.00	— —

民芸の島
宮古・八重山への旅

那覇／石垣航路
那覇丸(月8航海)
1,100総トン
速力16ノット
旅客定員 305名

発着時刻及び所要時間

那覇 石垣 発	石垣 那覇 着	所要時間
15：00	09：00	18時間

那覇／宮古航路
宮古丸(月9航海)
1,010総トン
速力16ノット
旅客定員 300名

発着時刻及び所要時間

那覇 宮古 発	宮古 那覇 着	所要時間
17：00	05：00	12時間

異国情緒を台湾で
那覇丸月3航海(石垣経由2泊3日)
那覇発　15：00
基隆発　17：00

店)電(台北)28934・日本交通公社・近畿日本ツーリスト・日本旅行・日通観光・東急観光・名鉄観光・文教商事(東京)

参考文献

『太政類典』明治8年11月

内務省土木局編『日本帝国港湾統計　明治39年・明治40年後編』内務省土木局、1911年(明治44)10月。

内務省土木局調査課編『大日本帝国港湾統計　大正4年』内務省土木局調査課編、1917年(大正6)8月。

内務省土木局調査課編『大日本帝国港湾統計　大正14年』内務省土木局調査課編、1927年(昭和2)3月。

内務省土木局港湾課編『大日本帝国港湾統計　昭和10年』内務省土木局港湾課編、1927年(昭和12)3月。

『官許讀賣新聞』第31号、1875年(明治8)1月6日

『讀賣新聞』1875年1月6日。

『大阪朝日新聞』、朝日新聞記事データベース「聞蔵Ⅱビジュアル」。

『神戸又新日報』、神戸市公文書館所蔵複製本。

秋守常太郎『旅行叢書第四　沖縄土産』秋守常太郎(大阪市)、1930年6月、1-177頁。

神田外茂夫編『大阪商船株式會社五十年史』大阪商船株式會社、1934年6月、1-880頁、附録1-72頁。

岡田俊雄編『大阪商船株式會社八十年史』大阪商船三井船舶株式会社、1966年5月、全867頁。

上野喜一郎編『船舶百年史』船舶百年史刊行会、1957年9月。

東恩納寛惇『南東風土記』沖縄郷土文化研究会、1940年3月、1964年12月再版、1-472頁。

直田（すぐた）昇『沖縄の交通史』京都出版株式会社、1957年6月、1-244頁。

柳田国男『海上の道』初版1961年、岩波書店、岩波文庫青138-6、2013年2月第36刷、1-375頁。

沖縄県教育委員会編『沖縄縣史　第1巻　通史』沖縄県教育委員会、1976年3月。
沖縄県教育委員会編『沖縄縣史　別巻　沖縄近代史辞典』沖縄県教育委員会、1977年3月。
琉球政府編『沖縄縣史　第16巻　資料編6』琉球政府、1967年5月、1-1037頁。
琉球政府編『沖縄縣史　第17巻　資料編7』琉球政府、1968年4月、1-978頁。
石垣市役所編集『石垣市史　資料編近代4　新聞集成Ⅰ』石垣市役所、1983年3月。
石垣市役所編集『石垣市史　資料編近代5　新聞集成Ⅱ』石垣市役所、1986年3月。
石垣市役所編集『石垣市史　資料編近代6　新聞集成Ⅲ』石垣市役所、1990年3月。
石垣市役所編集『石垣市史　資料編近代7　新聞集成Ⅳ』石垣市役所、1991年8月。
新屋敷幸繁「十六世紀の沖縄航路」、『歴史を語る沖縄の海』月刊沖縄社、1977年12月、125-141頁。
金城功『近代沖縄の鉄道と海運』ひるぎ社、1983年11月初版、1986年1月2刷、1-162頁。
又吉盛清「沖縄・台湾航路問題」、『日本植民地下の台湾と沖縄』沖縄あき書房、1990年10月、21-50頁。
（株）アドバイザー編『琉球海運株式会社四十史』琉球海運株式会社、1992年5月、1-511頁。
小風秀雄『帝国主義下の日本海運―国際競争と対外自立―』山川出版社、1995年2月、1-341頁。
片山邦雄『近代日本海運とアジア』御茶の水書房、1996年3月、1-327頁。
丸山雍成・小風秀雄。中村尚史編『日本交通史辞典』（吉川弘文館、2003年9月、1-947、索引・図版・附録1-124頁）

松浦章『近代日本中国台湾航路の研究』清文堂、2005年6月、1-297頁。
真栄平房昭「近代の台湾航路と沖縄―外来・在来をめぐる東アジア海運史の一視点」『史学研究』第268号、2010年6月、14-31頁。
松浦章『汽船の時代　近代東アジア海域』清文堂、2013年3月、1-364頁。
岑玲『清代中国漂着琉球民間船の研究』榕樹書林、2015年3月、1-243頁。

あとがき

本書は榕樹書林の武石和実社長の提案で出来たものである。最近、20世紀前半の日本の汽船会社が顧客に配布した「航路案内」と言う冊子を蒐集して研究をしていることを知られた武石氏から「沖縄の航路」についてまとめてみて欲しいとの要請があり、試みに本書の草稿をお送りしたところ、榕樹書林の「沖縄学術研究叢書」に加えても良いとのお返事を頂き、さらに全体を整えて、柳田国男の『海上の道』が出版された時代には隆盛であった汽船航路の状況をまとめてみた。書名もそれに添った形にしてみた。

「航路案内」と言う19世紀末から20世紀前半にかえて汽船会社が製作して乗客等に配布したものであるが、市井に埋もれ、忘却の彼方に行ったもののようで、図書館等で所蔵されているものは稀である。そこで古書店などから蒐集してきたが、沖縄航路に関するものは管見の限りではあるが、極めて少ない。本書で掲げた「沖縄航路案内」は1点であり、「鹿児島沖縄航路」にしても1点である。その他に関連するものを若干加えて本書に写真で収録した。

本書が、今後の沖縄近代史を研究する礎となることを祈念するものである。

本書の上梓に御尽力頂いた榕樹書林武石和実社長に末筆ながら謝意を表する次第である。

本書は文部科学省「市立大学戦略的研究基盤形成支援事業」によって関西大学東西学術研究所内に設立された「アジア文化研究センター（CSAC）」（平成23年度－平成27年度）における研究成果の一部である。

索　引

会社等名

汽船名

松浦　章（まつうらあきら）
1947年生。関西大学卒。
東方学会会員。南島史学会元会長。関西大学文学部教授。関西大学アジア文化交流研究センター長。文学博士（関西大学）。博士（文化交渉学）。

主要著書

『近世中国朝鮮交渉史の研究』（2013．思文閣出版）
『近世東アジア海域の帆船と文化交渉』（2013．関西大学出版部）
『清代中国琉球交渉史の研究』（2012．関西大学出版部）
『近世東アジア海域の文化交渉』（2010．思文閣出版）
『東アジア海域の海賊と琉球』（2008．榕樹書林）
『江戸時代唐船による日中文化交流』（2007．思文閣出版）
『近代日本中国台湾航路の研究』（2005．清文堂出版）
『中国の海商と海賊』（2003．山川出版社）
『清代中国琉球貿易史の研究』（2003．榕樹書林）
『清代海外貿易史の研究』（2002．朋友書店）

「海上の道」の汽船航路　―沖縄航路案内を読む―　　沖縄学術研究双書⑨

ISBN978-4-89805-185-6　C0326　　2016年2月20日　印刷
2016年2月28日　発行

著　者　松　浦　　章
発行者　武　石　和　実
発行所　榕　樹　書　林
〒901-2211 沖縄県宜野湾市宜野湾 3-2-2
TEL098-893-4076　　FAX098-893-6708
http://wwwgajumaru.org/
E-mail : gajumaru@chive.ocn.ne.jp
郵便振替 00170-1-362904